경남대 극동문제연구소 북한연구 시리즈 45

글로벌 거버넌스와 북한의 법제도

윤대규 엮음

한울
아카데미

이 도서의 국립중앙도서관 출판예정도서목록(CIP)은 서지정보유통지원시스템 홈페이지(http://seoji.nl.go.kr)와
국가자료공동목록시스템(http://www.nl.go.kr/kolisnet)에서 이용하실 수 있습니다.
(CIP제어번호: CIP2016015408)

서문

경남대학교 극동문제연구소는 지난 2005년부터 정부 재원(교육부 학술연구조성사업비)으로 한국연구재단의 지원을 받아 연구를 수행했다. '북한의 체제전환'을 분석·전망하는 본 연구소의 중점연구는 '분석 수준'에 따라 3단계로 구성되어 있다. 1단계(북한의 체제전환과 국제협력, 2005.12~2008.11)는 북한의 '국내적 수준'에서의 체제전환을 비교사회주의 시각에서 고찰하는 것이었고, 2단계(동북아 질서와 북한의 체제전환, 2008.12~2011.11)에서는 '동북아시아 수준'에서의 변화와 북한의 체제전환의 연관성을 살펴보았다. 그리고 3단계(북한의 체제전환과 글로벌 거버넌스, 2011.12~2014.11) 연구에서는 1·2단계의 연구 성과를 총괄하면서 글로벌 거버넌스가 북한의 체제전환을 어떻게 추동할 수 있을지를 분석하고 체제전환의 형태와 내용을 전망하는 작업을 진행했다.

연구의 전 단계는 제1세부과제인 정치경제 팀과 제2세부과제인 법제도 팀으로 구분해 진행되었다. 이 책은 이 가운데 3단계 2차년도 "글로벌 거버넌스와 북한의 대응"이라는 총괄 주제 아래 수행된 제2세부과제의 3단계 2차년도(2013년) 연구인 "글로벌 거버넌스와 북한의 법제도"의 결과물을 정리한 것이다. 2년 차 연구를 통해 제2세부과제(법제도) 팀은 안보법제, 시장경제법제, 경제제재 레짐, 노동과 인권법제, 그리고 분단국의 법제 전환 등 다양한 이슈 영역에 걸친 글로벌 거버넌스의 관여에 대해 북한이 어떻게 인식하고 반응하고 있는지에 대해 분석·평가했다.

이 책은 글로벌 다자 안보 레짐, 새천년개발목표(MDGs) 체제와 같은 글로벌 개발 협력 거버넌스 사례, 다자·양자 간 경제제재 레짐, 사회주의 체제전환국의 노동법제 개혁과 글로벌 거버넌스, UN의 인권법제, 분단국의 체제전환에 대한 글로벌 거버넌스의 관여 등에 대한 북한의 법제도적 인식과 대응을 살펴보고 다양한 분석을 시도했다. 안보·경제 분야를 비롯한 다양한 분야에서 글로벌 거버넌스 차원의 관여에 대해 북한이 어떠한 반응을 보이고 이를 정책으로 표출하는지를 살펴봄으로써 글로벌 거버넌스를 통한 북한 체제의 변화 가능성을 살펴보기 위해 다음 연구와 연결 고리를 만들어나가는 연구를 병행했다.

또한 국제사회에서 개별 국가들, 특히 체제전환 또는 분단국가에 대한 글로벌 거버넌스의 관여 내용과 방식, 그리고 이에 대한 북한의 시각과 대응을 분석하고 앞선 사회주의 체제전환 과정과 연계된 비교 연구 결과를 담았다. 이를 통해 북한의 체제전환을 위한 법제도적 차원에서 글로벌 거버넌스의 관여 내용과 방식, 그리고 한국의 역할을 모색해보는 데 기본적 토대를 제공하고자 힘썼다.

끝으로 이 책의 출간에 도움을 주신 많은 분들께 깊은 감사의 인사를 전하고 싶다. 먼저 본 중점연구소 지원 사업에 재정적 지원을 아끼지 않은 한국연구재단 관계자 여러분께 깊은 감사를 드린다. 그리고 본 연구 수행의 행정적 지원을 함께 해준 경남대학교 박재규 총장님과 산학협력단 관계자분들, 그리고 교직원 및 중점연구 참여 조교 선생님들의 많은 도움이 있었기에 출간이 가능했다. 이들 모두에게 깊은 감사를 드린다. 책의 출간을 위해 각별히 애써주신 한울엠플러스 대표님과 관계자분들께도 심심한 감사의 말씀을 전한다. 이 책이 북한의 변화와 통일에 대비해 북한 법제와 국제사회의 법제도적 지원 관련 연구자들에게 널리 활용되기를 기대해 마지않는다.

2016년 2월
경남대학교 극동문제연구소장 윤대규

차례

제1장

글로벌 개발 협력 거버넌스에 대한 북한의 시각과 대응

새천년개발목표(MDGs) 체제와의 관계 사례를 중심으로

임을출

1. 서론

기존 개발 협력은 소수 선진국과 이들이 주도하는 국제기구를 중심으로 원조를 매개로 한 공여국(donor countries)과 수원국(recipient countries)의 수직적 관계로 형성되었다. 그러나 21세기에 들어오면서 개발 협력은 신흥 공여국으로 대표되는 더 많은 국가들이 참여하는 한편, 비정부기구(NGO)의 역할이 증대되는 추세를 보인다. 그러면서 원조가 개발, 무역, 금융, 지속적 성장, 환경, 인간 안보 등 다양한 이슈 영역과 상호 연계되어 한층 더 복합적인 과제가 되었다.[1]

비국가 행위자들의 역할이 강화되는 거버넌스(governance)적 현상과

---

1 이숙종 엮음, 『글로벌 개발 협력 거버넌스와 한국』(동아시아연구원, 2012), 52~53쪽.

여러 행위자들이 상호 연계되어 역동적으로 변해가는 네트워크적 현상이 강화되었다. 그 공간적 범위도 양자 간 혹은 강대국 중심 국제기구와 수원국의 관계에서 지역·글로벌 다자 제도로 확대되는 복합적 양상을 띠었다. 예를 들면 개도국의 빈곤 문제는 그들만의 문제가 아니라 지역적·지구적 차원의 안전과 번영을 위협하는 요인이다. 이는 북한의 빈곤이 핵 개발의 원인 가운데 하나임을 고려하면 더욱 설득력을 갖는다. 따라서 이 문제는 글로벌 개발 협력 거버넌스 차원에서 다룰 필요가 있는데, 현실적으로 북한의 핵·미사일 개발 문제 등으로 논의가 진전되지는 않고 있다.

국제사회의 제재가 오랜 기간 지속되면서 북한과 글로벌 차원의 개발 협력 거버넌스 혹은 이를 주도하는 국제기구와의 관계 형성은 매우 낮은 수준에 머물러 있다. 북한이 '거버넌스' 혹은 '글로벌 거버넌스'라는 개념을 제대로 이해하고 있는지를 파악하기조차 쉽지 않다. 북한 공식 문헌에는 이 용어가 거의 등장하지 않는다. 다만 개발 협력을 지구적 차원에서 추진하고 있는 세계은행을 비롯한 국제금융 기구에 대한 부정적인 인식들은 공식 문헌들에 잘 반영되어 있다.[2] 북한은 미국이 자신들의 대외 경제 관계를 차단했기 때문에 "현실적으로 우리 나라에 국가적인 차관이나 원조를 제공한 자본주의 나라는 없다"라고 규정하고 있다.[3] 즉, 북한은 항상 글로벌 거버넌스의 영향을 거의 받지 않는 바깥에

---

2 임을출, 「동북아 개발 협력: 북한의 인식과 법제적 대응」, ≪통일정책연구≫, 19권 2호 (2010), 237~269쪽.

3 고영남, 「우리 나라의 대외 경제적 련계를 차단하여온 미제의 악랄한 책동」, ≪경제연구≫,

존재해온 것이다.

이런 상황에서 이 장의 연구가 주목하는 것은 북한이 제한적이나마 새천년개발목표(Millennium Development Goals, 이하 MDGs)라는 글로벌 거버넌스와 상호작용을 시도한 점이다. 코피 아난(Kofi Annan) 전 유엔 사무총장의 촉구에 따라 유엔에서는 2000년 유엔 밀레니엄 정상회의(UN millennium summit)를 개최했으며, 이 자리에서 세계 지도자들은 2015년까지 세계 빈곤 및 기아 수준을 절반으로 감소하기로 약속했다. 북한도 국제사회의 MDGs 실현을 위해 선도적인 노력을 하고 있는 유엔개발계획(UNDP)의 지원을 받아 협력 관계를 유지해오고 있다. 특히 유엔개발계획은 권위주의적 체제의 국가도 지원한다는 원칙을 갖고 있어 비교적 지속적으로 북한과 협력해왔다.[4]

이 장에서는 대표적 글로벌 개발 협력 거버넌스로 간주되는 MDGs 체제에 초점을 맞춰 MDGs 체제와 북한 간 협력 실태, MDGs 달성을 위한 유엔-북한 간 파트너십, 그리고 유엔의 북한 MDGs 추진 실적 평가 등을 먼저 살펴본 뒤 MDGs 체제에 대한 북한의 인식과 대응 변화를 고찰하고자 한다. 마지막으로 이런 검토 내용을 토대로 정책적 시사점을 도출하고자 한다.

2011년 1호, 63쪽.

4 헬렌 클라크(Helen Clark) 유엔개발계획 총재의 서울 방문 당시 언론 인터뷰 내용. ≪연합뉴스≫, 2009년 11월 23일 자.

2. MDGs 체제와 북한: 협력 실태와 유엔의 평가

1) 글로벌 거버넌스로서 MDGs 체제의 내용과 성격

MDGs는 국제 개발 협력의 새로운 방향을 제시하고 커다란 변화를 불러온 글로벌 거버넌스로 평가받고 있다. 유엔에서 MDGs가 합의되기 이전까지만 해도 수원국은 공여국이 자금과 개발 모델을 제시하면서 일방적으로 요구한 정책 처방을 단순하게 이행해야 했을 뿐이었다. 그러나 MDGs의 출현으로 공여국-수원국 간 개발 협력의 패러다임이 변화했다. 공여국이 수원국의 정부 및 시민사회와 긴밀하게 협력하는 파트너로서 개발 협력 프로그램을 함께 개발하고 이행하게 된 것이다. 이는 공동의, 그러나 차별화된 책임을 갖는 파트너십에 기초를 둔 접근법이다. 이를 뒷받침하기 위해 개발 협력의 효과성 제고를 위한 '로마선언'(2003)과 '파리선언'(2005)이 채택되어 수원국 중심의 개발 협력 전략 수립과 개발 협력 관리 체계가 마련되었다.[5]

MDGs는 2000년 9월 뉴욕 유엔 본부에서 개최된 제55차 유엔 정상회의, 즉 밀레니엄 정상회의에서 채택된 빈곤 타파에 관한 범세계적인 의제이다.[6] MDGs는 유엔뿐만 아니라 경제협력개발기구(OECD), 세계은

---

5 임강택 외, 『국제사회의 원조 현황 및 추진전략』(통일연구원, 2008), 17쪽.

6 D. Hulme and J. Scott, "The Political Economy of the MDGs: Retrospect and Prospect for the World's Biggest Promise," *New Political Economy*, Vol. 15, No. 2, (2010), pp.293~306.

행(IBRD), 국제통화기금(IMF) 등이 노력해 만들어낸 대표적인 글로벌 거버넌스이다.[7] 또한 유엔 정상회의에서 채택된 '밀레니엄 선언문(UN Millennium Declaration)'은 가장 포괄적인 범세계적 선언문이다. 이 선언문은 범세계적 사회계약을 의미한다. 개도국은 자국의 개발 의지를 확실히 밝히고, 선진국은 글로벌 파트너십을 통해 개도국 발전을 지원한다는 계약이다. 이 선언문은 인류의 평화, 안보, 개발, 인권, 기본적 자유를 위해 세계가 다 함께 공동의 노력을 기울이자는 내용을 담고 있다.

그 당시 밀레니엄 정상회의에 참석했던 189개의 유엔 회원국 정상들은 2015년까지 ① 절대적 빈곤 및 기아의 퇴치, ② 보편적 초등교육의 달성, ③ 양성평등의 증진 및 여성의 권리 강화, ④ 유아 사망의 감소, ⑤ 임산부 건강의 개선, ⑥ 에이즈, 말라리아, 기타 질병의 퇴치, ⑦ 환경의 지속 가능성 보장, ⑧ 개발을 위한 글로벌 파트너십 구축 등 여덟 가지 목표를 실천하기로 합의했다. MDGs는 특히 주민들 삶의 기초 수준을 높이는 데 초점이 맞춰져 있다.[8] 개발과 빈곤 퇴치를 위해 채택된 MDGs는 2015년까지 달성할 여덟 개의 핵심 개발 목표를 비롯해 한층 구체적인 이행 평가를 위해 18개 세부 목표와 48개 지표를 담고 있다.

2005년 3월에 발표한 「인류의 개발, 안보, 인권을 위한 포괄적인 자유(In Larger Freedom: Towards Development, Security and Human Rights

---

7 MDGs는 경제협력개발기구의 개발원조위원회(DAC)가 작성한 21세기 개발 협력 전략인 'Shaping the 21st Century'에 기반을 두고 작성되었다.

8 The United Nations, "The Millennium Development Goals Report: 2006," United Nations Development Programme(2006).

<표 1-1> MDGs의 세부 목표와 밀레니엄 프로젝트(MP) 분야

MDGs(2001)	MP(2005)
목표 ① 절대 빈곤 및 기아 퇴치	1. 빈곤과 경제개발
1. 절대 빈곤 인구 절반 축소	
2. 기아 인구 비율 절반 축소	2. 기아
목표 ② 보편적 초등교육 달성	
3. 초등교육 이수	3. 교육과 양성평등
목표 ③ 양성평등 및 여성 능력 고양	
4. 교육에서 성별 간 차이 제거	
목표 ④ 아동 사망률 감소	
5. 5세 이하 아동 사망률 감소	4. 모자 보건
목표 ⑤ 모성 보건 증진	
6. 출산과 관련된 산모 사망률 4분의 3 감소	
목표 ⑥ HIV/AIDS, 말라리아 및 기타 각종 질병 퇴치	5. HIV/AIDS, 말라리아,
7. HIV/AIDS 확산 방지, 확산 저지 및 감소	각종 질병 퇴치
8. 말라리아 및 여타 주요 질병 발병 억제, 발병 감소	
목표 ⑦ 지속 가능한 환경 확보	
9. 지속 가능한 개발 원칙을 각 개별 국가의 정책과 프로그램에 통합시키고 환경 자원 손실 보전	6. 환경 지속 가능성
10. 2015년까지 안전한 식수와 기본적인 위생 환경에 대한 지속적 접근이 불가능한 인구 비율을 절반으로 축소	7. 물과 위생
11. 2020년까지 최소 1억 명의 빈민가 거주자 생활 여건의 상당한 개선	8. 빈민가 거주자 생활 개선
목표 ⑧ 개발을 위한 범지구적 파트너십 구축	
12. 이전보다 더욱 개방적이고 원칙을 기초로 운영되며, 차별적인 무역 및 금융 시스템 발전, 훌륭한 거버넌스, 개발 및 빈곤 감소에 대한 국가적·국제적 공약 포함	9. 무역
13. 최빈국들의 특별한 요구 수용, 최빈국 수출품에 대한 관세 및 수량 제한 조치 면제, 중채무 국가들에 대한 부채 탕감 및 양자 간 국가 채무 면제, 그리고 빈곤 감소에 대한 확고한 의지를 보이는 개도국들에 대한 한층 관대한 ODA 지원들 포함	
14. 내륙국과 군소 도서 개발도상국의 특별한 요구 수용	
15. 장기적으로 지속 가능한 외채 수준 유지를 위한 개도국 외채의 포괄적 해결	
16. 개발도상국과 협력해 청년층을 위한 적정하고도 생산적인 일자리 창출 전략의 개발 및 시행	
17. 의약품 회사와 협력해 개도국 국민들이 적절한 가격에 필수 의약품을 구입할 수 있도록 함	
18. 민간 부문과 협력해 신기술의 혜택, 특히 정보 통신 관련 신기술의 혜택을 이용할 수 있도록 함	10. 과학, 기술과 혁신

for All)」라는 유엔 사무총장 보고서[9]에서 코피 아난 당시 유엔 사무총장은 "개발, 안보, 인권은 서로 밀접하게 연관되어 있기 때문에 세 가지가 모두 발전하기 전에는 어느 하나도 성공을 기대하기 어렵다"라고 강조했다. 세계화와 정보화의 영향으로 국가 간·국가 내의 빈부 격차가 심해지고 있으며 빈곤, 테러리즘, 인권 탄압 등은 더 이상 한 나라만의 문제가 아닌 글로벌 이슈가 되었다. 따라서 인류 전체의 안보나 지속 가능한 발전뿐 아니라 자국민의 인권과 안보를 위해서 빈부 격차 해소와 개발을 위한 국제사회 공동의 노력이 점점 더 필요해지고 있다.

2005년 9월 뉴욕에서 열린 후속 정상회의에서는 세계 지도자들이 다시 모여 2000년에 채택된 밀레니엄 선언문과 MDGs에 대한 이행 성과를 평가했다. 이 정상회의에서 채택된 결의문에는 '개발', '평화와 공동 안보', '인권'을 향상시키기 위한 결의 내용과 함께 이를 위한 유엔 기구의 강화 방안이 제시되어 있다. 그중 개발 이슈에 대한 내용이 전체의 절반을 차지하고 있다.[10]

MDGs의 의의와 특징들을 살펴보면 다음과 같다. 첫째, MDGs는 다양한 측면의 빈곤 퇴치와 기본적 인권 실현을 겨냥한 포괄적인 개발 목

---

9 The United Nations, "2005 World Summit Outcome: Achievements in Brief"(Updated Oct 24, 2005).

10 이 결의에는 글로벌 파트너십, 개발 재원 확보, 국내 자원 동원, 투자, 부채, 무역, 필수 일용품, 즉시 효과 이니셔티브(Quick-Impact Initiative), 시스템 이슈 및 지구 경제의 의사 결정, 남·남 협력, 교육, 농촌 및 농업 개발, 고용, 지속 가능한 발전, HIV/AIDS, 말라리아, 결핵 및 보건 이슈, 양성평등과 여성 능력 고양, 개발을 위한 과학 및 기술 등 20개의 소주제들이 포함되어 있다.

표이다. MDGs는 빈곤, 기아, 질병, 소외 등 다양한 측면에 대한 목표를 제시하면서 양성평등, 교육, 지속 가능한 환경에도 초점을 맞추고 있다. 이는 유엔헌장과 밀레니엄 선언에 약속된 보건, 교육, 주거, 안보 등 기본적인 인권 실현을 위한 목표이기도 하다.

둘째, MDGs는 측정 가능한 목표치를 제시하고 이행 기한을 명시했다. 1990년을 기준 연도로 삼고 2015년을 대다수 목표들의 달성 기한으로 설정했으며 이에 따라 해마다 유엔을 비롯한 국제기구들과 유엔 회원국들은 「MDGs 보고서」를 작성하고 있다. 이 보고서를 통해 목표치에 얼마나 근접했는지, 어느 지역이 어떤 부분의 목표 달성에 미흡한지를 파악해 원인을 분석하고 전략을 수정할 수 있다.

셋째, MDGs는 세계 189개국의 정상들이 채택해 역사상 가장 폭넓은 지지를 받은 개발 목표이다. 개발원조위원회(Development Assistance Committee: DAC) 회원국뿐 아니라 선진국과 개도국이 함께 채택한 범세계적인 개발 목표라는 특징을 갖고 있다.

마지막으로 MDGs는 '개도국 선진국 파트너십'을 근거로 한다는 점에 주목해야 한다. 즉, MDGs는 개도국이 빈곤 감소 전략(PRSP)을 수립하고 자국의 자원을 우선적으로 동원해 개발을 추진하며, 선진국은 이러한 개도국의 노력을 지원하는 무역 및 투자 환경을 확보하고 개발 재원을 마련하자는 '글로벌 파트너십'에 근거를 두고 있다.

한편 앞서 언급한 의의가 있음에도 MDGs의 적지 않은 취약점도 지적되고 있다. 예를 들면 선정된 목표들의 정당성 확보 부족, 한 국가 내 여러 그룹들 사이의 빈곤 감소 진전 상황 불균형 등을 고려한 목표와 지표 부족, 현지인 참여 부족, 2015년 이후의 빈곤 감소 목표 달성 지속 가능성의 불투명성, 다수의 빈곤층이 농촌에 거주하는 주민들임에도 농업이 특별히 강조되지 않은 점, 일부 목표의 경우 성과 측정이 어렵다는 점, 성과 측정과 관련해 중복되는 내용이 많고 조사 과정이 너무 길고 많은 점 등이 문제시되고 있다.[11] 또한 MDGs의 특정 목표를 달성하는 과정에서 국가마다 다른 수용 능력, 취약한 시스템, 인적 자원 한계, 고비용 등으로 인해 불균등한 성과를 보여주었다.

덧붙여 저개발 국가의 MDGs 달성을 지원하기 위한 선진국의 원조 규모가 늘어났으나 금액의 절반 이상이 빈곤 국가 부채를 줄이는 데 사용된 점도 문제점으로 지적되었다. 또 원조금이 수원국의 개발에 기여하기보다는 군사적 목적으로 사용되거나 자연재해를 막는 데 사용되기도 했다. 이에 따라 국제사회의 원조금이 가난한 나라의 원조 수요에 부응하지 못하고, 부자 나라들의 동맹국으로 흘러들었다는 비판이 제기되기도 했다.[12]

그리고 전문가들은 막대한 원조가 부패하고 권위적인 저개발국 정부로 이전되는 MDGs 모델에 회의적인 시각을 표명하기도 했다. 이런 형태의 원조는 선진국 국민들의 냉소를 불러왔고, 원조 확대에 대한 지지 기반을 약화시켰다.

---

11 Séverine Deneulin and Lila Shahani, *An Introduction to the Human Development and Capability Approach: Freedom and Agency* (Sterling, Va.: Earthscan, 2009).

12 M. Singer, "Drugs and Development: The Global Impact of Drug Use and Trafficking on Social and Economic Development," *International Journal of Drug Policy*, Vol. 19, No. 6(2008), pp.467~478.

2000년에 시작된 MDGs 체제는 2015년에 종료됐기 때문에 '포스트 MDGs'를 대비하는 새로운 글로벌 거버넌스의 정비가 필요한 상황이다. 유엔 회원국들은 2010년 9월 개최한 MDGs 정상회의에서 '포스트 2015 개발 의제(development agenda)'를 진전시키기 위한 조치를 취하기 시작했다. 글로벌 차원에서 학계, 싱크탱크를 비롯한 연구 기관, 그리고 다양한 시민단체들도 활발하게 새로운 개발 의제를 만드는 과정에 참여하고 있다.[13] 반기문 유엔 사무총장은 2012년 7월 31일 모든 지역의 시민사회, 민간 부문, 정부 지도자 등 26명을 2015년 이후 지구적 개발 의제와 관련한 고위급 패널의 자문 위원으로 지명했다.[14]

2) MDGs 달성을 위한 유엔-북한 간 파트너십

북한은 주로 유엔과 파트너십을 맺고 MDGs 달성을 위해 그 나름대로 노력해왔다. 북한 정권은 2015년까지 MDGs를 대부분 달성하겠다는 의지를 보였고, 이에 유엔도 북한 주민 삶의 질을 개선하고 지속 가능한 개발을 지원하는 방식으로 대응하고 있다. 유엔의 목표는 사회개발 및 보건, 기후변화, 경제개발 등 네 가지 영역의 지원을 통해 북한의 사회 전반적 요소들을 MDGs에 맞춰 국제적 기준으로 끌어올리는 데 있다.

---

13 The United Nations, "United Nations Millennium Development Goals," www.un.org/Millenniumgoals/beyond2015.shtml(검색일: 2013.3.14).

14 The United Nations, "UN Secretary General Appoints High Level Panel on Post-2015 Development Goals," www.un.org/Millenniumgoals/pressrelease_ post2015 panel.pdf(검색일: 2013.3.14).

유엔은 북한의 MDGs 달성 지원을 위해 팀(UN Country Team)을 구성했는데, 이 팀에는 세계보건기구(WHO), 세계식량계획(WFP), 식량농업기구(FAO), 유엔개발계획, 유엔공업개발기구(UNIDO), 유엔교육과학문화기구(UNESCO), 유엔아동기금(UNICEF), 유엔인구기금(UNFPA), 유엔인도주의업무조정국(UNOCHA), 유엔환경계획(UNEP)이 포함되어 있다. 북한 측에서는 유엔 담당 창구로 외무성 국제기구과(department of international organization)가 선정되었다.[15]

유엔 외에도 다양한 국제기구들이 저개발국의 MDGs 달성을 지원하기 위해 참여하고 있으나, 실제로 북한을 지원하고 있는 주체는 유엔뿐이다. 지난 2003년 유엔은 북한의 장기적 개발 수요를 파악하고 대처하기 위한 비공식적 전담 팀(Task Force)을 만들었고 당시 세계은행, 아시아개발은행(ADB), 국제통화기금 등도 초청했으나 이들은 북한의 핵 문제 등으로 참여하지 못했다.[16] 이로 인해 북한은 국제금융 기구의 지원을 받지 못했지만 2006년 유엔개발계획과의 협의 과정에서 MDGs에 대해 관심을 보였다.[17]

---

15 UN country team in North Korea, "Strategic Framework for Cooperation between the United Nations and the Government of the Democratic People's Republic of Korea, 2011~2015," http://kp.one.un.org/content/uploads/2012/01/DPRK-UNSF-2011-2015_print_version.pdf.

16 The World Bank Informal Task Force Team, "Democratic People's Republic of Korea BRIEF"(July 2003), p.19.

17 Office of the United Nations Resident Coordinator(DPRK), "Strategic Framework for Cooperation between the United Nations and the Government of the Democratic People's Republic of Korea: 2007~2009"(September 2006).

결국 국제기구 가운데 북한의 MDGs 달성을 핵심적으로 지원하는 역할은 유엔개발계획이 담당하게 되었다. 160여 개국과 협력하는 유엔개발계획은 유엔의 글로벌 개발 네트워크 조직이다. 유엔개발계획은 더 효율적이고 효과적으로 활동을 수행하기 위해 개혁 작업을 지속적으로 추진해왔다. 특히 빈곤국을 대상으로 MDGs를 달성시키는 데 더 효과적인 역할을 할 수 있도록 지원하는 데 초점을 맞췄다.

유엔개발계획은 민주적 거버넌스, 빈곤 감소, 위기 예방 및 복구, 에너지 및 환경, HIV/AIDS 등 다섯 가지 주제와 관련해 지속 가능한 기술지원(technical assistance) 및 지원(support) 프로그램을 통해 수원국의 제도, 정책 수립 및 이행 역량 강화, 지식과 인적 자본 개발 등을 지원해왔다.[18]

유엔개발계획을 비롯해 평양에 상주하는 유엔 기구들은 북한의 기아인구를 절반으로 줄이는 MDGs 달성을 지원하기 위한 '대북 개발 지원활동 5개년 전략'을 2009년 2월부터 수립하기 시작했다.[19] 이는 '유엔과

---

[18] Abu Selim, "The Role of International Organization in Assisting Economic Growth Strategies in Transition Economies," in European Union and Freidrich Naumann Stiftung(eds.), *Workshop on Economic Reform and the Development of Economic Relations between the EU and the DPRK: Final Report*(Seoul: Delegation of the European Commission to the Republic of Korea, 2004), pp.74~75.

[19] UN country team in North Korea, "Strategic Framework for Cooperation between the United Nations and the Government of the Democratic People's Republic of Korea, 2011~2015," p.3. 유엔개발계획의 경우 2007년 3월에 북한이 유엔개발계획의 자금을 전용했다는 의혹 때문에 유엔개발계획 북한 사무소를 폐쇄했던 적이 있다. 유엔개발계획 집행이사회는 지난 2009년 1월 22일 정례 회의를 열어 향후 대북 지원 사업에서 투명성 기준을 강화하는 조건으로 2년 반 가까이 중단되었던 대북 사업을 다시 시작하기로 결정하고 2009년 9월 평양에서 대북 사업 재개식을 열었다.

북한 정부 간의 협력을 위한 전략 기본 계획(Strategic Framework for Co-operation between the United Nations and the Government of the Democratic People's Republic of Korea, 2011~2015, 이하 '2011~2015 기본 계획')이라는 이름으로 2011년 7월 공개되었다.

또 이 기본 계획이 나오기 전인 2011년 1월에는 국가 지원 계획(Country Programme for Democratic People's Republic of Korea 2011~2015)[20]을 수립했다. 유엔은 이 전략과 계획들을 통해 북한 당국이 스스로 수립한 경제 개발 계획과 MDGs가 일치하도록 우선순위와 활동들을 정했다.

물론 이전에도 유엔은 MDGs에 기반을 둔 지원 계획들을 세우기 위해 국가 차원의 개발 목표와 기준점(baseline)을 세우고 사회·경제지표와 관련한 상황을 평가하는 데 초점을 맞춰왔으나 사실 이런 노력은 '2011~2015 기본 계획'을 작성하기 위한 기초 작업으로 평가할 수 있다. 그만큼 '2011~2015 기본 계획'은 북한 정부의 MDGs 달성에 가장 직접적 영향을 주는 의미 있는 문서라고 본다. 그 이전의 유엔 활동은 북한의 국가계획 시스템에 MDGs를 도입하기 위한 사전 정지 작업이었다.[21]

유엔은 북한 당국이 MDGs 달성에 더 관심을 기울이며 국가적 차원에서 목표를 달성할 수 있도록 독려하고, 세계 및 지역 경제와의 연계를 강화시키는 데 지원의 초점을 맞췄다.[22] 특히 유엔은 북한 주민들의 삶

---

20 UNDP, "Country Programme for Democratic People's Republic of Korea(2011~2015)"(January, 2011).

21 UNDP, "Country Programme Document for the Democratic People's Republic of Korea(2007~2009)"(Oct, 2006), p.3.

22 같은 글, p.5.

의 질을 평가하기 위한 다양한 통계 수집과 분석 작업을 매우 중요시했는데 교육, 성 평등, 어린이 및 산모 건강과 영양, 말라리아 · 결핵 등 전염병과 관련된 MDGs 기반의 국가 개발 목표를 분석하고, 이를 토대로 북한 주민들의 삶의 질에 대한 보고서를 작성해왔다.[23]

3) 유엔의 북한 MDGs 추진 실적 평가

유엔은 북한에 MDGs 지원을 시작했지만 한반도의 불안정한 정치적 · 안보적 환경, 북한의 핵 · 미사일 개발 등에 따른 재원 마련의 어려움, 북한 내에서 이용 가능한 인적 · 제도적 역량 부족 등 다양한 제약들로 인해 아시아 · 태평양 지역 가운데 북한이 국제사회가 2015년까지 달성하려는 MDGs 달성 속도가 가장 느리다고 평가했다.[24] 또한 동아시아에서는 유일하게 유엔의 기아 퇴치 목표를 달성하지 못할 것으로 전망되고 있다. 그러나 유엔개발계획은 북한 주민의 문해력(literacy)과 학교 출석률이 높기 때문에 기초 교육 분야(MDGs 목표 2)에서 진전을 보이고 있고, 양성평등 분야(MDGs 목표 3)에서도 비교적 발전을 보이고 있다고 평가한다. 그러나 환경과 관련된 MDGs 목표 7과 개발을 위한 글로벌 파트너십 구축을 위한 MDGs 목표 8에서는 진척이 느린 것으로 평가한다.[25]

---

23 같은 글, p.6.
24 ≪연합뉴스≫, 2012년 2월 22일 자.
25 UNDP, "Millennium Development Goals and the DPRK," http://web.undp.org/

북한 정부는 MDGs 목표 4와 목표 5를 성취하기 위해 2015년까지 산모 사망률을 4분의 3 수준으로, 영아 사망률을 3분의 2 수준으로 줄이는 목표를 세웠다. 그러나 유엔개발계획은 2012년 아시아개발은행, 아시아태평양경제사회위원회(ESCAP) 등과 함께 작성한 공동 보고서 「아시아 · 태평양 새천년개발목표(MDGs) 2011~2012」에서 5세 이하 영아와 신생아의 사망률, 삼림 황폐화, 부실한 위생 환경 등을 근거로 북한의 MDGs 달성 속도가 매우 느리다고 평가했다.

유엔개발계획은 항목별로 그 근거들을 제시했는데, 예를 들면 북한의 신생아 사망률은 1990년 1000명당 23명에서 2010년 26명으로 늘었다. 또 결핵 발병률은 1990년 10만 명당 344명에서 2009년 345명으로 늘었다. 그 밖에도 1990년 68.1%였던 북한의 삼림 비율은 2010년 47.1%로 줄었고, 기본적 위생 시설 역시 2008년 현재 1990년의 59% 수준에 머물렀다. 세계보건기구와 유엔아동기금이 2012년 3월 7일 공동 발표한 「식수와 위생 분야의 진전 2012」 보고서에 따르면 북한은 식수 분야에서 '새천년개발목표(MDGs)를 달성하기 위한 궤도에 오르지 못한 국가'로, 위생 시설 분야에서는 '궤도에 오른 국가'로 분류되었다.[26]

---

dprk/mdgs.shtml(검색일: 2013.7.29).

26 이 보고서는 유엔의 MDGs 중 하나인 '환경의 지속 가능성 보장'을 위한 세계의 식수와 위생 실태를 담고 있다. 분야별로는 식수의 경우 상수도, 공공 배수탑, 위생적 우물 등을 통해 안전한 식수를 확보한 주민의 비율이 지난 2000년 전체 인구의 100%에서 2010년에는 98%로 줄었다. 도시에서는 주민 99%가 안전한 식수를 확보했지만 농촌에서는 그 비율이 97%에 그쳤다. 반면 위생 시설 분야에서는 하수도, 정화조, 수세식 변기, 환기장치와 뚜껑 있는 재래식 변기 등의 시설을 이용하는 주민 비율이 2000년 61%에서 2010년에는 80%로 늘어났다(≪연합뉴스≫, 2012년 3월 7일 자).

유엔은 북한이 동아시아에서 유일하게 유엔의 기아 퇴치 목표를 달성하지 못할 것으로 평가하고 있다.[27] 유엔아동기금은 2015년까지 기아 인구를 절반으로 줄이기로 한 유엔의 MDGs를 북한이 달성할 가능성은 매우 낮다고 전망했다.[28]

유엔 산하 식량농업기구와 세계식량계획이 공동 발표한 「2012 세계의 식량 불안정 상황(State of Food Insecurity in the World 2012)」 보고서는 북한 주민 세 명 중 한 명꼴인 800만 명이 영양부족 상태라고 평가했다. 또 전 세계적으로는 MDGs를 달성할 가능성이 크지만, 북한을 포함한 16개국은 목표 달성이 어렵다고 전망했다.[29] 특히 북한의 경우 굶주리는 주민의 수가 여전히 800만 명 이상으로 유엔이 정한 2015년까지 기아 인구를 절반으로 줄이기 어렵다는 것이다. 전 세계의 굶주리는 기아 인구를 2015년까지 1990년의 절반으로 줄인다는 MDGs에 따르면, 북한의 영양실조 인구는 250만 명으로 감소되어야 한다.

또 세계은행도 2010년 4월 발표한 '2010 세계 개발 지표(World Development Indicator)'에서 북한이 2015년까지 굶주림을 절반으로 줄이자는 유엔의 MDGs를 이행하지 못하고 있다고 평가했다. 이 지표는 경제, 교육, 건강, 환경, 해외 원조 등 북한 사회 전반을 수치로 평가했는데, 세계은행은 2003년부터 2008년까지 영양실조로 저체중인 5세 이하 북한

---

27 《자유아시아방송》, 2012년 10월 9일 자.

28 〈미국의 소리(Voice of America)〉, 2010년 6월 2일 방영.

29 유엔의 목표 달성이 어려운 16개국은 아프리카 대륙이 8개국으로 절반을 차지하고, 아시아 대륙이 5개국, 아메리카 대륙 3개국이다. 아시아의 5개국은 북한을 비롯해 우즈베키스탄, 타지키스탄, 이라크, 예멘이다.

유아 비율이 전체의 17.8%에 이른다고 분석했다. 5세가 되기 전에 사망하는 유아의 수는 2008년을 기준으로 1000명당 55명으로, 18년 전의 55명에서 변하지 않았다.

결국 북한에서 MDGs 달성을 총괄적으로 지원하고 있는 유엔개발계획은 "북한은 1990년대 이전 평균 수명, 영아 사망률, 공중 보건 서비스 사용률, 위생 식수 분야와 관련해 매우 높은 개선을 보였다"라고 하면서도 "그러나 1990년대 이후 사회주의 시장의 실패와 자연재해로 북한의 1인당 소득이 반으로 줄었고, 평균 수명이 낮아졌으며, 영아 사망률이 증가했다"라고 설명했다. 이 기구는 또 2015년까지 북한은 MDGs에 맞춰 산모 사망률을 4분의 3 수준으로, 영아 사망률을 3분의 2 수준으로 줄인다는 목표를 세웠다. 북한에서는 1993년부터 2008년까지 16년 동안 산모 사망률이 42%나 증가했으며, 영아 사망률이 1993년 1000명당 14명 수준에서 2008년 1000명당 19명 수준으로 증가했기 때문이다. 많은 나라들이 세계화, 경제체제의 변화, 정보 기술의 확산에 박차를 가하는 동안 북한은 에너지, 식량 안보, 교통, 정보 기간 시설 등 전반적인 분야에서 질적 후퇴로 인해 고통받았다. 이 결과 북한은 '인간개발지수(Human Development Index)'의 전반적인 영역에서 후퇴를 보였다는 것이 유엔개발계획의 평가이다.[30]

---

30 UNDP, Human Development Report 2012.

3. MDGs 체제에 대한 북한의 인식과 대응

북한은 1995년에서 2005년까지 주민들의 기본적인 필요를 충족시키기 위해 대규모 식량 원조를 포함한 인도적 지원을 유엔 기구에 요구했지만 MDGs와 같은 글로벌 거버넌스에 대한 참여는 소극적으로 대응했다. 그러나 유엔은 2000년대 중반부터 북한의 경제 발전 지원을 통한 빈곤 감소에 초점을 맞춘 개발 협력 프로그램을 지속적으로 준비해왔다. 그리고 지난 1995년 이후부터 여러 차례 북한 개발 지원을 위한 전략 혹은 계획을 수립했다. 이들의 목적은 북한 주민의 삶의 질을 향상하려는 북한 정부의 노력을 지원하는 것, 지속 가능한 개발 및 MDGs를 달성하기 위한 과정을 지원하는 것이었다.[31]

예를 들어 유엔개발계획이 2006년 작성한 북한 개발 지원 프로그램 (Country Programme Document for D.P.R.K: 2007~2009)에서도, 1990년대 중반 경제적 · 인도주의적 어려움이 시작되기 이전 수준으로 북한 주민의 생활수준을 회복시키려는 북한 당국의 목표 달성을 지원하고 MDGs 달성을 진전시키면서 북한이 세계 및 동북아 경제로 편입할 수 있도록 돕는 것이 목표라고 명기하고 있다. 이 문건에서 MDGs라는 용어가 처음 등장했다. 여기에 맞춰 북한 역시 유엔개발계획의 지원을 받아 단계별로 MDGs 이행 의지와 협력 수준을 높여왔다.[32] 특히 이를 위

---

31 임을출, 「유엔 기구의 북한 개발 지원 전략 수립 사례: 평가 및 시사점」, 장형수 · 김석진 · 임을출, 『북한 경제개발을 위한 국제 협력 체계 구축 및 개발 지원 전략 수립 방안』 (통일연구원, 2012), 47~80쪽.

한 정책 전환이나 관련 법제도 정비도 일부 한 것으로 파악된다.

북한 정권은 강성대국 건설의 핵심 구성 요소인 주민 생활 향상을 위해 유엔의 지원을 전략적으로 활용하려 했던 것으로 평가되고 있고, 유엔은 북한의 이런 국가 개발 목표를 지원하기 위해 MDGs라는 개발 협력 틀을 적용해왔다. 유엔개발계획의 목표는 공식적으로 북한에서 지속적인 인간 개발 목표 달성을 지원하고, 북한 주민들의 삶의 질을 개선하는 데 기여하는 것이었다.[33] 북한 정부도 정책적으로 MDGs를 국가적 차원의 우선순위에 포함했다. 나아가 유엔개발계획의 지원을 받아 2010년 말까지 국가적 차원에서 최초로 「MDGs 진도 보고서(Progress Report on MDGs)」를 만들기도 했다.[34] 이 보고서는 유엔 차원의 대북

---

32 유엔 기구들은 지금까지 여러 차례 북한 개발 지원을 위한 전략 혹은 계획을 수립했다. 유엔개발계획은 앞서 식량난으로 수십만에 이르는 사람들이 사망했던 '고난의 행군' 시기(1995~1997)에 1997년부터 2000년까지의 북한 개발 지원 계획을 담은 '국가협력계획(Country Cooperation Framework: CCF)'을 처음으로 만들었다. 유엔개발계획은 주로 이 국가협력계획이라는 문건을 통해 북한에 대한 개발 지원을 추진했다. 이 협력 틀은 북한만이 아니라 유엔개발계획과 협력이 이루어지는 다른 모든 국가와의 관계에서도 적용되었다. 또 유엔개발계획은 북한에 대한 공동의 국가평가(Common Country Assessment: CCA)를 2002년에 처음으로 실시했다. 이를 토대로 제1차 유엔 개발 지원 계획(UN Development Assistance Framework: UNDAF)이 2003년 완료되었다. 이어 유엔개발계획은 2006년 10월 북한에 대한 국가 프로그램 문건을 만들어 2007~2009년 3년 동안 추진할 다섯 가지 우선 과제를 선정했다. 이 문건에 따라 유엔아동기금, 유엔인구기금, 유엔개발계획은 2007년부터 시작되는 북한 지원 과정에서 북한 당국과 공동으로 포괄적인 대북 개발 지원 전략을 담은 문건을 만들었다. 이것이 북한 정부와 유엔 기구 간의 협력을 위한 전략 계획(Strategic Framework for Cooperation between the United Nations and the Government of the Democratic People's Republic of Korea: 2007~2009, 이하 '2007~2009 전략계획/UNSF')으로서 유엔 기구들이 북한에서 어떻게 활동할 것인지에 대한 기본적인 틀을 제시했다(임을출, 「유엔 기구의 북한 개발 지원 전략 수립 사례: 평가 및 시사점」).

33 유엔개발계획 홈페이지, http://web.undp.org/dprk(검색일: 2013.6.25).

개발 지원을 위한 협력 근거가 되었다.

이처럼 MDGs 글로벌 개발 협력 거버넌스에 대한 북한의 인식은 점진적이지만 우호적으로 변화해왔다. 2008년 이전까지만 해도 북한은 공식적으로 MDGs 체제에 대해 거의 평가를 하지 않은 것으로 드러났으나, 2009년 이후부터는 강성대국 건설이라는 국정 목표와 연관해 MDGs를 언급하기 시작했다. 또한 유엔 기구, 특히 유엔개발계획과의 개발 협력 전략 논의가 본격화되면서 단지 수사(rhetoric)에 머물지 않고 MDGs 달성을 정책적 우선순위로 정하는 등 적극적인 태도를 보이고 있다. 북한 박길연 외무성 부상은 2009년 9월 유엔총회 기조연설에서 이른바 '강성대국 건설'이라는 자신들의 슬로건에 대해 "우리가 경제 강국이 되면 지역의 경제 발전에도 새로운 활력이 되고 유엔의 새천년개발목표 달성을 위한 국제사회의 노력에서도 의미 있는 구성 요소가 될 것"이라고 밝혔다.[35]

북한은 새해 국정 방향을 제시한 신년사 등을 통해서도 인민 생활 향상에 초점을 맞춘 경제 발전 방향을 제시해왔다.[36] 또한 북한은 유엔

---

34 UNDP, "Millennium Development Goals and the DPRK," http://web.undp.org/dprk/mdgs.shtml(검색일: 2013.7.29).

35 ≪연합뉴스≫, 2009년 9월 29일 자.

36 예를 들면 2013년 신년사에는 다음과 같은 내용들이 포함되어 있다. "올해 모든 경제사업은 이미 마련된 자립적 민족경제의 토대를 더욱 튼튼히 하고 잘 활용해 생산을 적극 늘리며 인민 생활을 안정·향상시키기 위한 투쟁으로 일관되어야 합니다." "경제 건설의 성과는 인민 생활에서 나타나야 합니다. 인민 생활과 직결되어 있는 부문과 단위들을 추켜세우고 생산을 늘리는 데 큰 힘을 넣어 인민들에게 생활상 혜택이 더 많이 차례지게 하여야 하겠습니다." "위대한 장군님께서 초강도 강행군 길을 걸으시며 인민 생활 향상을 위해 애써 마련해놓으신 현대적인 공장들과 생산 기지들에서 생산을 늘리기 위

MDGs의 주요 과업들을 이미 달성했다고 밝히기도 했는데, 이 발언은 MDGs에 대한 북한의 인식 수준과 이행 노력을 잘 보여주고 있다는 점에서 주목할 필요가 있다. 박길연 외무성 부상은 2010년 9월 21일 열린 유엔 MDGs 정상회의에서 "우리나라에서는 오래전에 무상 치료제와 무료 의무교육제, 그리고 남녀평등권이 실시됨으로써 새천년개발목표의 주요 과업들이 실현되었으며, 오늘은 그 성과를 더욱 공고히 하고 질을 개선하기 위한 노력을 경주하고 있다"라고 말했다. MDGs와 관련된 정책과 법제의 존재를 부각시킴으로써 국제사회의 긍정적인 평가를 얻고자 했던 것으로 분석된다. 실제로 북한은 2010년 이후 무상 치료제와 무료 의무교육제, 그리고 남녀평등권 등과 관련된 후속 법제를 정비한 것으로 드러나고 있다.

북한은 2010년 12월 여성권리보장법을 채택했다.[37] 이 법에는 사회·정치, 교육, 문화, 보건, 노동, 인신 및 재산 분야와 결혼과 가정에서 여성들의 권리 보장과 관련한 원칙적 문제들이 규정되어 있다. 북한은 이 법의 제정으로 남녀평등을 보장하며, 여성의 권리와 이익을 우선으로 보장하는 데 국가의 일관한 정책을 더욱 철저히 관철할 수 있는 법

한 투쟁을 힘 있게 벌려 장군님의 숭고한 사랑이 그대로 인민들에게 가닿도록 하여야 합니다. 인민경제 모든 부문, 모든 단위들에서 사회주의 증산 경쟁을 힘 있게 벌려 생산을 활성화하고 올해 인민경제 계획을 어김없이 수행하여야 합니다"(조선중앙통신, 2013년 1월 1일 방영).

37 주체 99년(2010년) 12월 22일 최고인민회의 상임위원회 정령 제1309호로 채택되었다 [장명봉 엮음, 『최신 북한법령집』(북한법연구회, 2011), 1014~1018쪽]. 1946년 7월 30일, 북한은 여성이 국가·경제·문화·사회 등 모든 영역에서 남성과 평등권을 가진다는 내용의 남녀평등권법령을 제정·공포했다.

적 담보가 마련되었다고 의의를 설명했다.[38] 이 법률은 단순히 조문상으로만 보면 거의 흠잡을 데 없을 정도로 여성의 권리 보호를 규정한다. 여성의 지위와 역할을 더욱 높이도록 이바지하는 것을 목적으로, 남녀평등의 대전제 아래 선거권과 피선거권, 여성 간부의 등용, 노동 권리, 가정에서 여성 폭행 금지, 유괴·매매 행위 금지 등을 규정했다. 여성 근로자에게는 정기 및 보충 휴가 외에 근속연한에 상관없이 산전 60일, 산후 90일의 산전산후휴가를 제공하도록 했고, 세 명 이상의 자녀를 둔 여성 근로자의 하루 노동시간을 6시간으로 제한했다. 특히 부부간에 이혼 문제가 발생했을 경우 남성은 아내가 임신 중이거나 해산 후 1년 동안에는 이혼을 제기할 수 없도록 했다.

또한 북한은 아동권리보장법도 비슷한 시기에 제정했다.[39] 북한 최고인민회의 상임위원회가 2012년 12월 정령을 통해 채택한 아동권리보장법은 모든 분야에서 아동의 권리와 이익을 최대로 보장하는 데 이바지하는 것을 목적으로 하며, 보호 대상 아동을 16세까지로 규정했다. 아동의 생명권과 발전권을 명시하는 한편 아동에 대한 인격 존중, 가정에서의 체벌 금지, 상속권 보장, 유괴·매매 금지, 노동 금지, 형사처벌 및 사형 금지 등 교육, 보건, 가정, 사법을 비롯한 모든 부문에서 아동의 권리를 적시하고 있다. 특히 이혼은 아동의 불행이라며 부모는 아동의 성장과 발전을 위해 이혼하지 말아야 하고, 기관·기업소·단체·재판소

---

38 조선중앙통신, 2011년 1월 27일 방영.
39 조선중앙통신, 2011년 1월 27일 방영.

등은 아동을 양육하는 부부의 이혼 문제가 제기되는 경우 아동의 이익을 위해 부모가 갈라지지 않도록 교양해야 한다고 규정했다. 부득이 부부가 이혼하는 경우 양육 문제를 아동의 이익 견지에서 당사자들이 합의해야 하고, 아동을 양육하지 않는 당사자는 양육을 맡은 당사자에게 아동이 노동할 나이에 이르기까지 매월 양육비를 지급하도록 했다. 양육비는 아동 수에 따라 월수입의 10~30% 범위에서 재판소가 정하도록 했다.

또한 북한은 2011년 1월 최고인민회의 정령으로 취학 전 1년, 소학교 4년, 중학교 6년 등 5~16세의 무료 의무교육 등을 명시한 보통교육법을 제정했다.[40] 이 법 제2장은 무료 의무교육의 실시를 다루고 있고, 제9조는 북한 공민은 누구나 중등일반교육을 받을 권리를 가진다고 규정하고 있다. 제13조는 학생의 입학, 수업, 실습, 견학, 답사와 관련한 일체의 교육 비용은 국가가 부담한다고 규정하고 있다. 북한은 보통교육법에 이어 2011년 12월 대학 교육에 관한 운영 절차 등을 담은 고등교육법을 제정했다.[41] 그리고 2012년 5월에는 김정은 국방위원회 제1위원장이 참석한 가운데 최고인민회의 제12기 6차 회의를 열고 12년제 의무교육을 시행하는 내용의 법령을 발표했다.[42] 북한은 2012년 9월 말 열린 최고인민회의 제12기 6차 회의에서 '전반적 12년제 의무교육을 실시함에 대하여'라는 법령을 채택해 1972년부터 시행해온 11년제 의무교육 제

---

40 장명봉 엮음, 『최신 북한법령집』, 798~802쪽.
41 조선중앙통신, 2011년 1월 19일 방영.
42 조선중앙통신, 2012년 9월 25일 방영.

도를 1년 늘리기로 한 바 있다. 북한의 이 같은 일련의 조치들은 명목상
으로라도 관련 국제 협약을 준수하는 노력을 국제사회에 보여줌으로써
대외 이미지를 높이려는 의도로 분석된다.[43]

무상 치료제는 사실상 제대로 실시되지 않고 있는 것으로 보인다. '전
반적 무상 치료제', '의사 담당 구역제', '예방 의학적 방침'을 인민보건법
에 명시해두었지만 1980년대 중반 동구권에서조차 의약품 수입이 어려
워지면서 북한 의료 체계는 붕괴하기 시작했다. 북한 사회주의헌법(2010년
4월 9일 최고인민회의 제12기 제2차 회의에서 수정)은 제5장 「공민의 기본
권리와 의무」 가운데 제72조에서 "공민은 무상으로 치료받을 권리를 가
지며 나이가 많거나 병 또는 불구로 로동능력을 잃은 사람, 돌볼 사람이
없는 늙은이와 어린이는 물질적 방조를 받을 권리를 가진다. 이 권리는
무상 치료제, 계속 늘어나는 병원, 요양소를 비롯한 의료 시설, 국가사
회보험과 사회보장제에 의해 보장된다"라고 규정하고 있다. 북한 당국
은 주민 대상 강연회에서 "무료교육 제도, 무상 치료 제도와 같은 사회
주의적 시책들은 그대로 유지된다"라고 밝히고 있으나[44] 주민들은 의사
에게 월급만큼의 선물을 주고서야 진료를 받을 수 있다. 또한 출신 성
분이 좋거나 당의 간부직을 맡고 있는 경우 먼저 치료를 받을 수 있고,
무상 의료제라고 해도 의료 수준이 낮아 주민들이 크게 혜택을 입지 못
하는 것으로 전해진다.[45]

---

43 임순희 · 조정아 · 이규창, 「북한의 아동교육권 실태와 관련 법령 제정 동향」(통일연구
원, 2012), 23쪽.

44 ≪자유아시아방송≫, 2012년 8월 9일 자.

또한 북한은 한때 "타락한 자본주의의 산물", "태어나서는 안 되는 존재"로 간주했던 장애인들의 처우를 개선하기 위한 법제도도 마련했다. 2003년 6월 18일 장애자보호법을 제정하면서 북한은 이날을 '장애자의 날'로 정했고, 2005년에는 조선불구자지원협회를 조선장애자지원협회(현 조선장애자보호연맹)로 개편했다. 2010년에는 장애인의 체육·문화 시설인 '대동강장애자문화센터'가 평양에 세워졌다. 2011년에는 장애인 통계(187만 명)를 처음으로 발표했고, 정부 기관 내에 장애인 담당 보직도 신설했다. 또 조선장애자체육협회가 설립되어 2012년 런던 패럴림픽에 참가하는 발판 역할을 했다. 또한 북한은 2013년 7월 유엔장애인권리협약에 서명했다.[46] 장애인권리협약은 노동과 교육, 보건, 공공생활에서 장애인이 차별받지 않도록 하는 것이 핵심으로, 2009년 4월 헌법을 개정한 이후 북한이 지속해온 인권 관련 법제 정비 움직임의 연장선으로 분석된다.[47]

또 박길연 부상은 그동안 북한이 MDGs 달성과 관련해 이룩한 성과들을 구체적으로 제시하지 않은 채, 지금 강성대국 건설의 새로운 단계에 들어섰다면서 이는 MDGs에도 전적으로 부합하는 것이라고 주장했다.[48] 이처럼 북한이 실효성 여부를 떠나 국제사회의 MDGs 체제를 고려한 정책과 법제도를 제시하고 있는 점이 주목된다. MDGs 체제에 대

---

45 ≪자유아시아방송≫, 2011년 4월 13일 자.
46 〈미국의 소리〉, 2013년 8월 2일 방영.
47 이규창, 「북한의 장애인권리협약 서명: 의미와 과제(통일연구원 온라인시리즈 13-19)」(통일연구원, 2013), 1쪽.
48 〈미국의 소리〉, 2010년 9월 23일 방영.

해 긍정적 인식을 보이고 있을 뿐 아니라 실제로 MDGs 이행을 위해 노력하고 있는 점은 정책적 차원, 관련 제도 수립 차원 등을 통해서 엿볼 수 있다. 또한 북한은 국제기구의 개발 협력 파트너 조직으로 국가조정위원회를 설립하고, 유엔 시스템이 우선순위 과제로 선택한 부문들에서 최선의 결과가 나올 수 있도록 국가 차원의 노력을 하는 데 동의했다. 특히 모니터링과 평가 시스템을 가동해 목표 달성과 관련한 진전 상황을 정기적으로 공유하는 데 합의하기도 했다.[49] 유엔개발계획과의 협력 범위 및 수준을 보면 MDGs 달성을 추진하는 과정에서 북한은 국제 개발 협력과 관련한 국제사회의 규범과 관행들을 어느 정도 숙지하고 수용하려는 노력을 하고 있는 것으로 파악된다.

북한이 MDGs와 관련해 긍정적으로 전환한 배경에는 유엔개발계획과의 오랜 신뢰 관계가 자리 잡고 있다. 북한은 이례적으로 유엔개발계획에 대해 긍정적 인식을 보여왔다. 이는 북한과 유엔개발계획과의 오랜 인연을 통해서도 간접적으로 확인된다. 북한은 지난 1979년 6월부터 유엔개발계획 활동에 참여했는데 유엔개발계획의 설립 목적에 대해서도 긍정적 평가를 하고 있다.[50] 북한에서 출간된 『국제법사전』은 그 목적을 이렇게 설명한다. "유엔개발계획은 공업, 농업, 운수, 체신 등 경제의 여러 분야에서 발전도상나라들의 생산성과 수익성을 높이도록 하며

---

49 장형수·김석진·임을출, 『북한 경제발전을 위한 국제 협력 체계 구축 및 개발 지원 전략 수립 방안』(통일연구원, 2012), 56쪽.

50 조선민주주의인민공화국 사회과학원 법학연구소, 『국제법사전』(평양: 사회과학출판사, 2002), 552쪽.

이 나라들이 자체의 자원과 로동력을 효과적으로 리용하여 경제를 건설하도록 기술적으로 도와주는 것을 자기의 목적으로 내세우고 있다."[51]

유엔개발계획 활동에 대한 평가와 관련해서도, "지난 시기 유엔개발계획 사업에서는 개발계획의 대상들이 발전도상나라들의 경제 발전 계획에 도움을 주지 못하거나 자금을 효과적으로 리용하지 않고 개인은행들과 국제은행에 많은 자금을 사장시키며 전문가 선정에서 지리적 배당 원칙을 무시하고 정치적 목적을 추구하는 부족점들이 있었다"라고 비판하면서도 "(그러나) 지난 시기 유엔개발계획 사업에서 존재하던 이러한 문제점들은 점차 해소되어가고 있다"라고 이례적으로 긍정적인 평가를 했다.[52]

또한 유엔개발계획은 집행위원회의 결정이 있을 경우 북한과 같은 권위주의 국가들과도 개발 협력을 추진할 수 있으며, 유엔 안전보장이사회 결의 1874호를 비롯한 대북 결의를 위반하지 않는 범위 안에서는 대북 지원이 가능하다는 점도 북한의 긍정적인 인식을 이끌어낸 요인으로 분석된다.[53]

---

51 같은 책, 552쪽.
52 같은 책, 553쪽.
53 헬렌 클라크 유엔개발계획 총재는 2009년 11월 24일 김포공항에서 국내 언론과 가진 인터뷰에서 "유엔개발계획은 권위주의적 체제의 국가라도 여러 국가를 지원하고 있다"면서 이같이 말했다. "이는 유엔개발계획 집행위원회가 대북 지원을 재개하는 것이 적절하다는 판단을 내린 데 따른 것"이라며 "최종 단계에서 검토가 진행 중"이라고 덧붙였다. 클라크 총재는 "여섯 개의 프로젝트에는 유엔의 새천년개발목표(MDGs)를 위한 통계자료 수집도 포함된다"며 "유엔 안전보장이사회 결의 1874호를 비롯한 대북 결의가 이런 지원까지 막는 것은 아니다"라고 설명했다(≪연합뉴스≫, 2009년 11월 24일 자).

4. 평가와 정책적 시사점

1) 평가

이 절에서는 MDGs 체제에 대한 북한의 인식과 대응을 한층 더 체계적으로 검토하기 위해 국제사회가 채택한 글로벌 거버넌스 차원의 효과성 제고를 위한 핵심 원칙들, 즉 ① 수원국의 주인 의식, ② 공여국과 수원국의 개발 목표와 수행 방법, 평가 등에서의 일치, ③ 조화로운 원조, ④ 원조 성과 관리, ⑤ 상호 책임성 강화 등 다섯 가지 핵심 원칙을 중심으로 북한의 대응 수준을 평가하고자 한다.

국제사회, 즉 다자간 및 양자 간 개발 협력 기구의 책임자, 그리고 공여국 및 수원국 대표들은 원조 조화에 관한 로마선언문(제1차 원조 조화 고위급 포럼, 2003년 2월, 이탈리아 로마), 마라케시 공동각서(제2차 개발 결과 관리 원탁회의, 2004년 2월, 모로코 마라케시), 파리선언문(제2차 원조 조화 고위급 포럼, 2005년 3월, 프랑스 파리) 등을 통해 원조의 효과성 제고를 위한 주요 합의들을 도출했다. 이 다섯 가지 핵심 원칙들은 파리선언문에 포함되어 있다.[54]

먼저 국제사회는 원조가 효과적이기 위해서는 개발에 수원국의 주인 의식(ownership)이 필요하다고 강조하고 있다. 수원국이 자국의 개발 방향과 개발 우선순위가 제시된 개발 전략을 기획하고 이행하는 리더십

---

[54] 한국국제협력단(KOICA), 『국제개발협력의 이해(개정판)』(한울, 2013), 127~129쪽.

을 행사해야 한다는 것이다. 북한의 오너십에 대한 평가는 유엔이 북한 측과 함께 작성한 '2011~2015 기본 계획' 문건에서 어느 정도 파악할 수 있다.[55] 유엔 국가 팀(United Nations Country Team: UNCT)은 새 기본 계획은 MDGs에 기반을 둘 것과 목표 연도를 2015년으로 설정할 것을 북한 당국에 제안했고, 북한은 이를 수용했다.

북한 정부는 기본 계획을 통해 주민 생활을 향상시키고, 2015년까지 MDGs를 달성하는 데 기여하기를 희망하면서 리더십을 행사했다. 따라서 평양에 상주하면서 이 기본 계획을 수립한 유엔 국가 팀은 새로운 계획에서 MDGs에 기초한 개발 지원 우선순위와 활동 계획들이 북한 스스로 수립한 국가 발전 계획과 일치되도록 했다. 북한 정부도 가급적 MDGs를 고려해서 수립한 것으로 전해지는데, 특히 주민 생활 향상을 위한 계획들이 이에 해당되는 것으로 추정된다. 북한이 스스로 수립한 국가 발전 계획과 일치되도록 한 대응은 유엔개발계획이 2011년에 수립한 북한 국가 지원 계획에도 잘 반영되어 있다.

한편 국제사회는 수원국의 개발 전략이 수원국의 시민사회, 공여국, 개발 사업 관련 민간 기구 등 개발 파트너와 협의를 통해 수립되어야 한다고 규정한다. 마라케시 선언(Marrakech declaration)은 개발 성과를 위한 관리(Managing for Development Results: MDR) 5대 핵심 원칙의 하나로 원조의 계획·실시·완료 등 모든 단계에서 파트너 국가, 개발 관련

---

55 UN country team in North Korea, "Strategic Framework for Cooperation between the United Nations and the Government of the Democratic People's Republic of Korea, 2011~2015."

〈그림 1-1〉 북한의 유엔 기구 대상 협력 체계

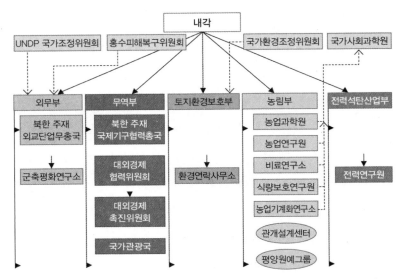

자료: External Independent Investigative Review Panel, *Confidential Report on United Nations Development Programme Activities in the Democratic People's Republic of Korea 1999~2007*(New York: United Nations Development Programme, Office of the Administrator, 2008), p.44.

기관, 다른 이해관계자 간의 대화를 중시해야 한다고 지적하고 있다.[56] 수원국인 북한의 대응을 보면 유엔 기구와의 협의는 활발하게 벌였지만 북한 내 시민사회 부재 등으로 인해 내부적으로 이해관계자 사이에 충분한 의견 수렴이 이루어지지는 않은 것으로 나타났다.

그러나 북한 내각의 모든 관련 부처들은 MDGs 달성과 관련해 유엔 기구들과 협력하는 체계를 갖췄다. 북한 외무성, 무역성을 비롯해 농업성, 교통성을 포함한 다수의 정부 부처들이 유엔개발계획을 상대했고,

---

56 한국국제협력단, 『국제개발협력의 이해(개정판)』, 125쪽.

부문별로 관련 내각 부처가 유엔 전문기구의 파트너가 되어 MDGs 달성을 위해 협력했다.

예를 들면 건강 부문은 보건성이 주축이 되어 유엔인구기금, 유엔아동기금, 세계식량계획, 세계보건기구, 국제적십자사연맹(IFRC) 등을 상대했고, 교육 부문은 교육부가 유엔아동기금, 유엔교육과학문화기구의 전담 부서가 되었다.

물 위생 부문은 도시관리부와 보건복지부 및 교육부가, 지식 개발 관리 부문은 국가계획위원회, 중앙통계청, 재정성, 무역성, 산업성, 품질관리 담당 부서, 무역은행, 학술 기관, 사회과학 교육기관 등이 유엔개발계획, 유엔아동기금, 식량농업기구, 아시아태평양경제사회위원회, 유엔경제사회국(DESA), 유엔공업개발기구 등과 협력하는 체계를 갖추었다.

영양 관리 부문에서는 농업성, 수산성, 식품행정성, 토지환경보호성, 상업성, 공중보건성, 국가계획위원회 및 다른 학술 기관, 기후변화 부문은 국가과학기술위원회, 국토환경보호성, 농업성, 수산성, 식품행정성, 도시관리성, 공중보건성, 전력성, 석탄산업성, 화학산업성, 국가계획위원회와 학술 기관 등이다. 이들은 유엔개발계획, 유엔인구기금, 유엔아동기금, 식량농업기구, 세계식량계획, 유엔환경계획, 유엔공업개발기구, 아시아태평양경제사회위원회, 유엔훈련조사연구소(UNITAR) 등을 상대했다.

둘째, 공여국이 수원국에서 제시한 국가 개발 전략, 참여 기관, 집행 절차를 자신들의 전반적인 지원 활동의 기본으로 삼아야 하는 원조 일치(alignment)에 따르면 수원국인 북한은 유엔의 지원을 기반으로 개발 역량을 강화하고 국가 공공 재정 관리 역량 및 국가 조달 체제를 강화해야 한다.

이 부문과 관련해 북한 내에서 활동하는 유엔 기구들은 북한 내 각종 지원 물품이 다른 목적에 전용되지 않도록 관련된 모든 규정을 준수하는 데 특별히 주의를 기울였다. 각종 장비 구입이 철저하게 프로젝트 목표에 부합되도록 했고, 북한 당국도 이에 협력해야 MDGs 관련 지원을 받을 수 있었다.

셋째, 성과를 중심으로 원조 재원을 관리하고 의사 결정을 향상시키기 위한 성과 지향적 관리(Managing for Results) 원칙은 합의된 개발 목표에 근거한 성과 획득을 위해 원조 프로그램을 관리·실행하고 정보의 효과적인 활용을 기반으로 한층 더 효과적인 의사 결정 체계를 수립하는 것이다. 이를 위해 수원국인 북한과 공여자인 유엔 기구는 모두 국가 개발 전략, 예산편성, 보고·평가 등에서 성과 지향적인 체제를 도입해야 했고, 양자 모두 성과 지향적 관리를 위해 협력해야 했다.

북한이 유엔개발계획의 지원을 토대로 만든 개발 지원 계획들은 대부분이 성과 지향적 관리 체계를 갖추고 있다. 유엔개발계획이 북한의 MDGs 달성을 지원하기 위해 2011년에 수립한 북한 국가 지원 계획도 결과에 기반을 둔 관리(Results-based management) 체계를 채택하고 있다.

여기서 지칭하는 결과들은 상세한 모니터링 및 평가 계획에 따라 유엔의 전략적 기본 계획, 국가 프로그램 및 프로젝트 등의 여러 차원에서 측정된다. 모니터링 및 평가 계획은 표준적인 모니터링 및 평가 관행뿐 아니라 3자 검토(tripartite review), 중기 및 최종 평가, 나아가 필요하면 강화되는 특별한 모니터링 조치 등을 포함했다.

넷째, 개발 목표 달성을 위해서는 수원국과 공여국 모두 상호 책임성이 강화되어야 하는데, 특히 개발 재원 활용, 개발 전략 이행 및 평가 과정에서 투명성이 확보되는 것이 중요하다. 특히 수원국인 북한은 개발 전략 이행 및 평가를 투명하게 추진하면서 원조 관련 포괄적인 정보를 적시에 가감 없이 제공해야 했다.

북한 정부는 유엔 기구들에게 지원의 혜택을 받는 주민 수와 장소에 대한 자료와 정보는 제공하고 있다. 국제사회는 평가, 모니터링 등을 목적으로 실제 혜택을 받는 주민과 기관에 대한 리스트 등 더 정확한 자료를 요구했다. 하지만 이런 정보들은 흔히 뒤늦게 제공되거나, 아예 제공하지 않는 경우도 많다. 현재 인도주의 지원 단체들은 북한 정부가 제공하는 자료들의 정확성을 검증하기 위한 노력을 하고 있으나, 접근 제한 때문에 제대로 검증하지 못하고 있다는 평가를 받고 있다.[57]

국제사회가 합의한 마라케시 선언에서 MDGs 달성 관련 개발 성과 관리를 위한 일곱 개 행동 계획 가운데 강조된 것 중에 하나는 개발 결과 모니터링 및 평가를 위한 통계 체제의 정비였다.[58] 유엔이 대북 개발 지원의 각 단계 혹은 이행 단계에서 효과성 증대를 위해 북한에 요구한 것은 모니터링과 평가, 지속적 분석, 역량 개발, 그리고 습득한 지식을

---

57 임을출, 「국제기구의 북한 정보 관리 체계와 협력 방안」, 김규륜 외, 『북한 정보 관리 체계 개선 방안(하)』(통일연구원, 2011), 210~213쪽.

58 한국국제협력단, 『국제개발협력의 이해(개정판)』, 125쪽.

기반으로 복구와 개발 활동과 유사한 프로그램들을 지속적으로 이어나가는 것 등이었다.

'2011~2015 기본 계획'에 따르면 적어도 이 계획이 실행되는 기간에 유엔은 북한 정부와 긴밀히 협력해 점진적으로 실행 상황을 개선하고 국제 기준에 부합하는 모니터링과 평가 활동을 할 수 있게 되어 있다. 전략계획을 작성하는 일에서 모니터링과 평가 부문도 이전보다 개선되고 있는 것으로 파악된다. 유엔 기구들은 여전히 모니터링과 평가를 수행할 때 국제적 표준 절차를 전면적으로 적용하지는 못하고 있지만 각 부문 그룹별로 개발 지원 성과와 관련된 자료를 수집하고 측정할 수 있는 지표를 개발하고 있고, 무엇보다 북한 관련 당국이 적절하게 협력을 하고 있는 것으로 평가받고 있다.[59]

북한은 유엔의 도움을 받아 MDGs 진전 상황을 담은 보고서를 작성했고, 유엔은 2010년 말에 나온 이 보고서를 새로운 개발 지원 전략을 수립하는 과정에서 유용하게 활용했다. 유엔은 북한 당국이 스스로 자료를 수집하는 과정을 돕기 위해 이 분야의 역량 강화를 지원하고 자료 수집 활동을 위한 자금도 지원했다. 북한 당국은 유엔과 협력해 특별한 도구를 이용해 데이터베이스를 설치·운영하고, 이 데이터베이스에 있는 자료들을 북한의 MDGs와 관련된 성과 보고를 준비하는 데 사용했다. 내부의 경제적·사회적·인도적 상황과 관련한 광범위한 자료와

---

[59] 장형수·김석진·임을출, 『북한 경제발전을 위한 국제 협력 체계 구축 및 개발 지원 전략 수립 방안』, 78쪽.

정보를 수집하는 데 협력한 것이다.

다만 MDGs 달성을 위해 노력하고 있는 북한을 긍정적으로 평가할 수 있을지라도, 유엔 기구들이 최근 평가하고 있는 북한의 MDGs 달성 수준과 관련된 지표들을 놓고 볼 때 북한의 인식과 대응에는 여전히 적지 않은 문제점이 있는 것으로 파악된다. 애초에 MDGs는 2000년에 채택되었음에도 북한은 10년이 지난 2010년 이후에야 뒤늦게 MDGs 체제에 본격적으로 참여하는 방향으로 정책을 전환하는 바람에 2015년까지 설정된 목표들을 달성하기에는 역부족이었다. 나아가 국제사회가 중요시하는 주인 의식, 구조 및 법제도 개혁, 역량 강화를 통한 빈곤층의 직접적 수혜 제공, 개발 과정에서 참여 및 파트너십 확대 등 MDGs 달성을 위한 주요 원칙들의 적용 미흡, 국제사회와의 경제사회 통계의 폭넓은 공유 부족, 시민사회의 참여 보장 불가능 등이 가장 커다란 문제점들로 인식되고 있다.

MDGs 달성 추진 과정에서 이루어져야 할 북한과 국제사회의 협력에는 북한 핵 문제 등을 둘러싼 정치적·군사적 긴장도 커다란 제약 요인으로 작용했다. 북한은 유엔 기구와 협력하면서도 여전히 경계심을 갖고 있다. 이는 북한이 여전히 국제사회의 원조 행위에 불순한 의도가 내포되어 있다는 의구심을 거두지 않고 있음을 시사한다. 북한은 유엔개발계획과 같이 장기간의 교류 협력을 경험하며 신뢰를 쌓아온 경우에 한해 예외적으로 협력자로 규정하고, MDGs와 같은 글로벌 개발 거버넌스에 참여하고 있는 것이다.

하지만 북한은 기존의 국제금융 기구뿐 아니라 비정부기구, 정당이나 정당 소속 재단, 반관반민 기구 등을 아우르며 경계 대상을 확장하고 있다. 따라서 북한이 글로벌 개발 거버넌스와 형성하는 관계는 한계점이 명확할 수밖에 없다. 최근까지도 유지하고 있는 이런 부정적 인식과 경계심은 글로벌 개발 거버넌스를 북한에 적용하는 일이 여전히 매우 제한적이라는 사실을 재확인해준다.

2011년 발간된 『정치법률연구』에서도 북한 내 학자들은 "미국은 원조를 '민주주의와 인권 개선'의 명목으로 하여 내정간섭의 수단으로 써먹고 있다"고 비판하면서 미 의회에서 채택된 '북한 인권법'을 사례로 제시했다. 즉, 이 법은 "우리 공화국을 반대하는 활동에 참가하는 단체와 개인들에 막대한 자금을 보장한다는 것을 규정했다"면서 서방 선진국들이 주장하는 민주화 지원에 대한 불신감을 표출하고 있다. 또한 미국 등은 민주화 지원 담당자의 성격을 '공적·국제적 담당자'로 규정하고 있는데, 이들은 유엔이나 유럽연합, 유럽안보협력기구(OSCE), 국제통화기금, 세계은행 등이라고 강조하고 있다. 제국주의자들은 이러한 국제기구들을 이용해 다른 나라 내정에 간섭하는 것을 합리화하고 있다는 것이다.[60]

또한 북한은 미국을 비롯한 제국주의자들이 유엔을 통해 저들의 '인권'과 '민주주의' 기준을 다른 나라에 강요하려 하고 있다고 비판했다. 북한(학자)은 구체적으로 유럽안보협력기구 사례를 들면서 이 기구가

---

60 최주광, 「'민주화지원 담당자'에 대한 론의의 기만성」, 과학백과사전출판사 엮음, 『정치법률 연구 4』(평양: 과학백과사전출판사, 2011), 54쪽.

냉전 시기 '인권과 민주주의' 간판을 내세우면서 소련과 동유럽 국가들에 대한 내정간섭과 내부 교란 책동에 앞장섰다고 주장했다.

또한 이 기구는 최근에 여러 나라에서 선거 감시 활동과 분쟁 조정을 구실로 서방 제국주의의 예속화 정책을 실현하기 위한 도구로 기능했다고 비판했다.

한편 유럽연합, 국제통화기금, 세계은행은 서방 경제력에 의존해 생존하려는 나라들에 자유선거와 다당제의 실시, 시장경제의 도입, 지역 일체화를 위한 정책 변화와 같은 정치·경제적 부대조건들을 가입 전제로 내걸거나 통제 공간으로 삼아 자본주의적 일체화를 추구하고 있다. 또한 '민주화 지원의 담당자'의 성격을 '사적·국가적 담당자'로 규정하고 그들의 활동을 '민주화'와 결부해 논하고 있다. 이 담당자는 주로 개별적 나라들의 비정부기구와 개인을 의미하는데 정당이나 정당에 소속된 재단도 여기에 포함해 논의하고 있다.[61] 이에 따라 MDGs 추진과 관련해서도 북한과 국제사회는 정치적으로 덜 민감한 사회개발, 지식 공유, 환경 부문 등에 한정해 협력하고 있다.

또한 MDGs 추진과 관련해서 가장 기초적인 한계점은 유엔 기구에 포괄적인 경제·사회 관련 자료가 없거나, 그나마 존재하는 것도 신뢰 수준이 낮기 때문에 더욱 완성도가 높은 지원 계획 수립이 어렵다는 점이다.[62]

---

61 같은 글, 54쪽.

62 The United Nations, "Overview of Needs and Assistance: The Democratic People's Republic of Korea"(2012).

정확한 자료와 통계는 지속적으로 MDGs 추진과 관련된 영역에서 기준점을 제시하고, 활동 영향과 추진 과정을 평가할 수 있고, 목표 달성을 지원하기 위해 필요한 정보를 제공하기 때문에 중요하다.

또 MDGs에서는 빈곤 감소 목표와 함께 개발을 위한 민간 기업과 시민사회 등의 폭넓은 파트너십 구축을 강조했지만, 북한은 MDGs 달성과 관련해 민간 기업과 시민사회를 제대로 활용하지 못한 점도 MDGs 달성 수준을 제약한 요인으로 작용한 것으로 분석된다.

2) 정책적 시사점

북한이 개발 협력과 관련해 국제사회에 다양하게 존재하는 글로벌 거버넌스 가운데 유일하게 MDGs 체제에 참여한 것은 적지 않은 의미를 갖는다. 우선 북한이 제한적인 수준이지만 MDGs라는 글로벌 개발 협력 거버넌스를 긍정적으로 인식하기 시작한 점은 긍정적인 평가를 받을 만하다. 북한은 MDGs와 관련된 국제 규범과 원칙들을 부분적으로 수용하고 있고, 관련 법제도를 정비하면서 대응하고 있다.

MDGs 관련 개발계획들은 유엔 기구가 작성했다고 해도 북한 당국과의 긴밀한 협의를 거쳐 나온 문건이라는 점에서 북한 측의 인식 및 태도의 긍정적 변화에 의해 만들어진 결과물로 평가할 수 있다. 북한과 국제기구가 함께 논의해서 만든 기본 계획들은 MDGs 달성을 위한 우선 과제와 방향 등을 더욱 정확하게 파악할 수 있는 틀을 제공하고 있다는 측면에서 적지 않은 정책적 시사점을 제공하고 있다.[63] 북한은 MDGs 달성을 위해 최우선적으로 고려되는 국제사회의 보편적인 원칙과 목표들로 인정되고 있는 성 평등 제고, 환경보호, 역량 강화 등을 반영하려는 노력을 하고 있고, 국제사회의 일반적인 관례에 따라 사회개발(보건, 의료, 교육 등), 환경, 지식 공유 및 관련 분야 인력의 역량 강화, 통계 수집 및 분석 역량 강화 등을 최우선 지원 과제로 선정했다. 북한이 MDGs 체계의 핵심 요소들이라 할 수 있는 이런 원칙과 규범들을 적극적으로 수용하고 있는 점은 미래 협력과 관련해서도 중요한 토대가 될 것임을 시사하고 있다. 이는 글로벌 거버넌스와의 호혜적 관계 형성의 가능성도 높여줄 뿐 아니라, 미래 어떤 시점에 정치적·군사적 환경이 개선되어 글로벌 거버넌스 차원의 북한 개입이 본격화될 경우 한층 진전되고 폭넓은 사회·경제개발 목표들을 달성하는 데 중요한 토대가 될 것임을 시사한다.

국제사회에서 MDGs는 일종의 빈곤 감소 전략의 역할을 하고 있기 때문에 북한이 MDGs 체계에 더 적극적으로 동참할 경우 당장의 먹고 사는 문제를 해결할 뿐 아니라 전반적인 주민들의 경제·사회개발을 향상시킬 수 있는 계기를 마련할 수 있다는 점도 주목해야 한다. 또한 MDGs는 유엔이 기본 계획에서 밝혔듯이 국제사회 편입 전략이자 고용 창출과 인적·법제도적 능력 배양에도 커다란 기여를 할 수 있다. 국제 사회에서는 개발 지원을 받는 국가가 스스로 MDGs를 수립해 국제사회

---

63 장형수·김석진·임을출, 『북한 경제발전을 위한 국제 협력 체계 구축 및 개발 지원 전략 수립 방안』, 78쪽.

로부터 지지를 받는 절차를 거치는 것이 국제 규범으로 정착되어가고 있음을 감안하면 MDGs는 초기 단계에서 국제사회와의 파트너십을 맺기 위해 거쳐야 할 관문이다. 이는 향후 북한이 국제사회로부터 본격적인 대규모 원조를 받아들일 경우 가장 중요한 단계가 국가적인 수준에서, 그리고 분야별로 주민 생활 향상에 초점을 맞춘 경제 · 사회개발 계획을 포함한 MDGs 달성 전략을 수립하는 일임을 시사한다.

또한 이 장의 사례연구에 따르면 MDGs 추진과 빈곤 감소 전략을 구상하는 일에서 가장 중요한 부분은 북한 스스로의 전략 수립 및 이행 의지 표출, 그리고 국제사회와 북한 간의 긴밀한 파트너십 형성임을 파악할 수 있다. 북한 당국의 의지와 협력이 뒷받침되지 않으면 MDGs 전략 이행과 효과 창출은 기대하기 어려움을 알 수 있다.

따라서 국제사회는 북한이 스스로 의지를 보이고, MDGs 관련 계획을 수립할 수 있도록 끈기 있게 설득하며, 지원하는 자세가 필요하다. 북한 당국이 자발적이고 헌신적인 자세를 보인다면 외부 지원 프로젝트나 정책의 성공 가능성도 그만큼 높아진다.[64] 국제사회의 MDGs를 중심으로 한 접근 의도는 북한의 우선적 권리를 인정하며 그 틀 안에서 개발

---

64 2005년 파리선언 등이 강조하고 있듯 빈곤 감소 또는 성장 촉진을 위해서는 개도국이 자신의 개발 정책에 대해 주인 의식을 가져야 한다는 점에 대해 모두 동의하고 있으나, 이 원칙이 제대로 실행되지 않고 있는 것도 현실이다. 현재 주인 의식에 대한 평가는 세계은행이 승인하는 빈곤 감소 전략 문서(PRSP)의 채택 여부와 직접적으로 연계되어 있다. 따라서 OECD에서는 주인 의식의 범위를 넓히고 심화할 필요성을 제기하고 있다. 이를 위해 개도국의 정책 개발 및 선택에 대한 장벽을 낮추고, 정책 개발 · 집행 · 모니터링에서 광범위한 사회적 참여를 촉진하는 법적 체계를 구축할 수 있도록 하며, 이행 조건(conditionality)의 역할 등에 대한 검토가 필요하다는 지적이 나오고 있다.

지원을 위한 프로그램을 개발하는 데 있다. MDGs를 준비하는 것은 북한의 책임이며, 이러한 전략은 정부 차원의 핵심 요소뿐만 아니라 비정부 부문의 이해관계자들과도 통합된 형태로 준비되기를 국제사회는 바라고 있다.

5. 결론

북한이 개발 협력과 관련해 국제사회에서 다양하게 존재하는 글로벌 거버넌스들 가운데 유일하게 MDGs 체제에 참여한 것은 적지 않은 의미를 갖는다. MDGs는 국제 개발 협력의 새로운 방향을 제시하고, 커다란 변화를 불러온 글로벌 거버넌스로 평가받고 있다. 이 장에서는 북한과 MDGs라는 글로벌 거버넌스의 제한적 상호작용 실태와 의미를 파악하고, 이를 중심으로 북한 당국의 인식과 대응을 검토했다. 그런 뒤 북한이 유엔 기구의 지원을 받아오면서 보여준 인식과 대응 수준을 국제사회의 주요 규범과 원칙을 잣대로 삼아 평가하고, 이를 토대로 정책적 시사점도 제시했다.

북한은 전통적으로 개발 협력, 즉 원조 등이 인권과 민주주의를 실현하는 수단이자 자신들의 체제를 바꾸려는 수단이라고 인식해왔다. 이런 인식의 연장선상에서 글로벌 개발 거버넌스와 소극적인 관계를 유지해왔으나 유엔이 추진하고 있는 MDGs에 대해서는 긍정적 인식을 갖고, 협력적으로 대응해왔다. 이는 북한 정권이 국정 목표로 제시하고 있는 강성대국 건설과 주민 생활 향상과 밀접한 연관을 맺고 있는 것으로 분석된다. 즉, 유엔의 MDGs가 북한의 개발 목표들과 일치하는 부분이 많고, 따라서 빈곤 감소와 주민의 삶의 질 개선을 위해 유엔 기구들의 지원과 협력을 적극 수용해온 것으로 보인다.

북한이 제한적인 수준이지만 MDGs라는 글로벌 개발 협력 거버넌스를 긍정적으로 인식하기 시작한 점은 긍정적인 평가를 받을 만하다. 또한 북한은 MDGs와 관련된 국제 규범과 원칙들을 부분적으로 수용하고 있고, 관련 법제도를 정비하면서 대응해왔다. 북한과 국제기구가 함께 논의해서 만든 기본 계획들은 MDGs 달성을 위한 우선 과제와 방향을 더욱 정확하게 파악할 수 있는 틀을 제공하고 있다는 측면에서 적지 않은 정책적 시사점을 제공한다. 글로벌 거버넌스와의 호혜적 관계 형성 가능성도 높여주는 부분이다. 이런 점들은 향후 글로벌 거버넌스 차원의 북한 개입이 본격화될 경우 더 진전되고 폭넓은 사회·경제개발 목표들을 달성하는 데 중요한 토대가 될 것임을 시사한다.

따라서 북한이 주민들에 대한 직접적 혜택 제공을 고려하는 당국의 경제정책 전환 및 빈곤 감소를 위한 적극적인 정책적 노력(주인 의식)을 보여준다면 국제사회의 MDGs가 북한에 본격적으로 적용되었을 때 가시적인 성과를 기대할 수 있을 것이다. 북한이 본격적인 빈곤 감소와 경제 발전을 도모하기 위해서는 내부적으로 체제 개혁을 심화하고, 외부적으로 개방을 확대해 국제사회와 긴밀한 관계를 맺어야 한다. 이러한 개혁 개방 과정을 원활하게 이행(transition)하기 위해서는 중장기적 관점에서 한층 더 명확한 국가 발전 비전을 담은 MDGs 달성 전략을 수립하는 것이 주요한 과제이다. 또한 MDGs는 북한과 국제사회의 파트너십 강화를 전제로 한다는 점에서 국제사회로의 편입을 통한 정상 국가화에도 크게 기여할 것임을 시사한다.

하지만 한반도의 불안정한 정치적·안보적 환경, 북한의 핵·미사일 개발 등에 따른 재원 마련의 어려움, 북한 내에서 이용 가능한 인적·제도적 역량 부족 등 다양한 제약들로 인해 북한은 국제사회가 2015년까지 달성하려는 MDGs 달성 속도 면에서 아시아·태평양 지역에서 가장 느린 국가 가운데 하나로 평가받고 있다. 북한의 MDGs 달성 노력과 유엔 기구와의 협력 사례는 핵 문제 등으로 인한 정치적·안보적 불안정 아래에서도 기초 작업 혹은 선행 단계로서 보건, 의료, 교육 등 사회개발과 북한 인적 자원 역량 강화를 위한 프로그램을 정세 변화와 무관하게 추진해야 할 필요성을 보여준다.

또한 북한의 경제·사회 현황에 대한 지속적인 자료 수집 및 분석 작업도 긴요한 과제이다. 현재 북한에서 진전되고 있는 정치적·사회적·경제적·군사적 환경을 분석하고 MDGs 달성과 관련된 인도적 차원과 개발 차원의 수요를 점검하고 주기적으로 평가하는 것은 매우 중요하다.

MDGs 달성을 추진하는 과정에서 북한은 적지 않은 도전적 과제를 극복해야 한다. 특히 북한은 지금까지 MDGs 추진과 관련해 국제적 기준과 관례들을 상당 부분 수용했는데 북한의 현실을 어느 정도 반영한 목표를 달성하기 위해서는 내부적인 정책 및 제도 개혁이 뒷받침되어야 한다. 이런 과제를 수행하기 위해서는 북한 지도부의 정치적 의지와 헌신이 뒷받침되어야 한다.

동시에 국제사회는 북한이 MDGs와 같은 글로벌 거버넌스에 참여함으로써 긍정적인 변화를 추진할 의지가 있다면 지식 공유, 국가적 차원의 역량 구축, 그리고 필요한 재원 확보 등의 분야에서 적극적인 지원을 해야 한다.

참고문헌

1. 국내 문헌

1) 단행본

이숙종 엮음. 2012. 『글로벌 개발 협력 거버넌스와 한국』. 동아시아연구원.

임강택 외. 2008. 『국제사회의 원조 현황 및 추진전략』. 통일연구원.

장명봉 엮음. 2011. 『최신 북한법령집』. 북한법연구회.

장형수 · 김석진 · 임을출. 2012. 『북한 경제발전을 위한 국제 협력 체계 구축 및 개발 지원 전략 수립 방안』. 통일연구원.

한국국제협력단(KOICA). 2013. 『국제개발협력의 이해(개정판)』. 한울.

2) 논문

이규창. 2013. 「북한의 장애인권협약 서명: 의미와 과제(통일연구원 온라인시리즈 13-19)」. 통일연구원.

임순희 · 조정아 · 이규창. 2012. 「북한의 아동교육권 실태와 관련 법령 제정 동향」. 통일연구원.

임을출. 2010. 「동북아 개발 협력: 북한의 인식과 법제적 대응」. ≪통일정책연구≫, 19권 2호, 237~269쪽.

_____. 2011. 「국제기구의 북한 정보 관리 체계와 협력 방안」. 김규륜 외. 『북한 정보 관리 체계 개선 방안(하)』. 통일연구원.

_____. 2012. 「유엔 기구의 북한 개발 지원 전략 수립 사례: 평가 및 시사점」. 장형수 · 김석진 · 임을출. 『북한 경제발전을 위한 국제 협력 체계 구축 및 개발 지원 전략 수립 방안』. 통일연구원.

3) 신문 및 기타

〈미국의 소리(Voice of America)〉. 2010.6.2.

_____. 2010.9.23.

_____. 2013.8.2.

≪연합뉴스≫. 2009.9.29.

_____. 2009.11.23.

_____. 2009.11.24.

_____. 2012.2.22.

_____. 2012.3.7.

≪자유아시아방송≫. 2011.4.13.

_____. 2012.8.9.

_____. 2012.10.9.

2. 북한 문헌

1) 단행본

조선민주주의인민공화국 사회과학원 법학연구소. 2002.『국제법사전』. 평양: 사
　　회과학출판사.

2) 논문

고영남. 2011.「우리 나라의 대외 경제적 련계를 차단하여온 미제의 악랄한 책동」.
　　≪경제연구≫, 2011년 1호.

최주광. 2011.「'민주화지원 담당자'에 대한 론의의 기만성」. 과학백과사전출판사
　　엮음.『정치법률연구 4』. 평양: 과학백과사전출판사.

3) 신문 및 기타

조선중앙통신. 2011.1.19.

_____. 2011.1.27.

_____. 2012.9.25.

_____. 2013.1.1.

3. 외국 문헌

1) 단행본

Deneulin, Séverine and Lila Shahani. 2009. *An Introduction to the Human Development and Capability Approach: Freedom and Agency*. Sterling, Va.: Earthscan.

External Independent Investigative Review Panel. 2008. *Confidential Report on United Nations Development Programme Activities in the Democratic People's Republic of Korea 1999~2007*. New York: United Nations Development Programme, Office of the Administrator.

2) 논문

Hulme, D. and J. Scott. 2010. "The Political Economy of the MDGs: Retrospect and Prospect for the World's Biggest Promise." *New Political Economy*, Vol. 15, No. 2, pp.293~306.

Selim, Abu. 2004. "The Role of International Organization in Assisting Economic Growth Strategies in Transition Economies." in European Union and Freidrich Naumann Stiftung(eds.). *Workshop on Economic Reform and the Development of Economic Relations between the EU and the DPRK: Final Report*. Seoul: Delegation of the European Commission to the Republic of Korea.

Singer, M. 2008. "Drugs and Development: The Global Impact of Drug Use and Trafficking on Social and Economic Development." *International Journal of Drug Policy*, Vol. 19, No. 6, pp.467~478.

3) 기타

Office of the United Nations Resident Coordinator(DPRK). 2006. "Strategic Framework for Cooperation between the United Nations and the Government of the Democratic People's Republic of Korea: 2007~2009"

(September 2006).

The United Nations. 2005. "2005 World Summit Outcome: Achievements in Brief"(Updated Oct 24, 2005).

The United Nations. 2006. "The Millennium Development Goals Report: 2006." United Nations Development Programme.

The United Nations. 2012. "Overview of Needs and Assistance: The Democratic People's Republic of Korea."

The United Nations. "UN Secretary General Appoints High Level Panel on Post-2015 Development Goals." www.un.org/Millenniumgoals/pressrelease_post2015panel.pdf(검색일: 2013.3.14).

_____. "United Nations Millennium Development Goals." www.un.org/Millenniumgoals/beyond2015.shtml(검색일: 2013.3.14).

The World Bank Informal Task Force Team. 2003. "Democratic People's Republic of Korea BRIEF"(July 2003).

UN country team in North Korea. "Strategic Framework for Cooperation between the United Nations and the Government of the Democratic People's Republic of Korea, 2011~2015."

UNDP. 2006. "Country Programme Document for the Democratic People's Republic of Korea(2007~2009)"(Oct, 2006).

_____. 2011. "Country Programme for Democratic People's Republic of Korea(2011~2015)"(January, 2011).

_____. 2012. Human Development Report 2012.

_____. http://web.undp.org/dprk(검색일: 2013.6.25).

_____. "Millennium Development Goals and the DPRK." http://web.undp.org/dprk/mdgs.shtml(검색일: 2013.7.29).

제2장

다자 · 양자 간 경제제재 레짐에 대한 북한의 법제도적 대응

양문수

1. 서론

특정 국가에 대한 경제제재는 경제적 수단을 통해 정치적 · 외교적 목적을 달성하기 위한 의도적인 행위이다. 아울러 국제사회의 규범을 위반하는 국가에 대해서는 국제사회의 질서를 바로잡기 위한, 이른바 지구적 차원의 경찰권 · 사법권 행사라는 측면도 존재한다.

북한에 대한 국제사회의 경제제재는 한국전쟁이 발발한 1950년부터 시작되었다. 1990년대 이전에는 주로 사회주의 국가라는 점과 미국 안보에 위협이 된다는 논리에 초점이 맞춰져 있었다고 한다면, 1990년대부터는 대량 살상 무기 및 핵무기의 개발 · 확산이라는 점과 국제 테러를 지원한다는 점, 세계 평화와 안전 유지에 위협이 된다는 논리에 초점이 맞춰져 있다고 할 수 있다.

그런데 사회주의 국가들에 대한 경제제재 레짐이 그러했듯이, 북한에 대한 제재 레짐도 본격적인 개혁 개방에 대한 큰 제약 요인으로 작용한다. 아울러 북한의 경제 재건을 위해서는 경제제재의 완화·해제가 필수 요건인데 이는 대외 관계의 정상화와 맞물려 있으며, 특히 본격적인 개혁 개방, 나아가 체제전환의 중요한 필요조건이다.

이 글은 국제사회의 다자·양자 간 경제제재 레짐이 북한 경제에 어떻게 개입했고, 이에 대해 북한은 어떠한 시각을 가지고 어떻게 대응했는지를 주로 법과 제도의 측면에 초점을 맞춰 파악하는 것을 목적으로 한다.

2. 북한에 대한 국제사회 다자 제재 레짐의 개입 실태

1) 다자간 수출 통제 체제를 통한 개입

체제전환 이전, 사회주의 국가에 대해 취해진 대표적인 다자간 경제제재 레짐으로는 COCOM(Coordinating Committee for Multilateral Export Controls)을 들 수 있다. 이것은 1949년부터 미국 주도로 NATO(북대서양조약기구) 회원국에 일본을 더한 연합체가 소련, 중국, 동유럽 등 사회주의 국가에 대해 실시한 경제제재 조치로 통상 '대공산권수출통제위원회'로 알려져 있다. 이는 크게 보아 ① 무기 및 무기 생산에 필요한 물자·기술의 수출 통제, ② 소련과 중국의 군사력 증강에 기여하는 경제적 기반의 확대를 초래하는 물자·기술에 대한 수출 통제로 이루어진다. COCOM은 사회주의권이 붕괴하기 시작한 1989년 이후로 그 실효성이 다소 저하되면서 1994년에 막을 내리고 바세나르 협정(Wassenaar Arrangement: WA)으로 대체되었다.

바세나르 협정의 목적은 재래식 무기와 이중 용도(二重用途) 물품 및 관련 기술 이전에 대한 투명성과 책임감을 제고하고, 이들 무기와 물자를 과도하게 비축하는 것을 방지함으로써 지역적·세계적 안전과 안정을 도모하는 것이다. 바세나르 협정은 재래식 무기 및 이것의 제조·개발에 사용될 수 있는 이중 용도 물자 및 기술을 대상으로 하고 있다. 군수물자 리스트(Munitions List)에는 22종의 물자(Item)가, 이중 용도 물자 리스트(List of Dual-Use Goods and Technologies)에는 신소재, 소재 가공, 기계, 전자, 컴퓨터, 정보 통신, 항공, 해양 등 총 아홉 개의 카테고리에 약 760개의 물자가 통제되고 있다.

이 밖에 원자력 공급국 그룹(Nuclear Suppliers Group: NSG), 호주 그룹(Australia Group: AG), 미사일 기술 통제 체제(Missile Technology Control Regime: MTCR) 등이 대표적인 다자간 수출 통제 체제로 꼽힌다.

원자력 공급국 그룹은 1974년 인도의 핵실험에 충격을 받은 국제사회가 NPT를 통한 핵 비확산의 한계를 인식하고 NPT 미가입국에 대한 원자력 수출 통제를 강화할 목적으로 1978년 1월 출범시켰다.

호주 그룹은 생화학 무기의 개발·생산에 사용될 수 있는 물질, 장비, 기술 이전을 통제하기 위해 설립되었다. 1984년 유엔 특별 사찰단이 이란-이라크전에서 이라크가 화학무기를 사용했다는 사실을 확인하고 이들 무기의 원료 및 기술이 서방세계로부터 도입되었다는 사실이 밝혀지면서 화학무기 생산에 필요한 물질과 기술의 수출 통제 필요성이 제기되었다. 이에 따라 1985년 6월, 15개국이 참여하는 비공식 회의가 개최되었다.

미사일 기술 통제 체제는 탄두 중량 500kg 이상, 사거리 300km 이상의 탄도미사일 및 순항미사일의 국제적 확산을 방지하기 위해 1987년 미국 주도로 G-7 국가 간에 설립된 수출 통제 체제이다.

2) UN 결의를 통한 개입

북한의 잇따른 미사일 발사 및 핵실험은 유엔을 통한 국제사회의 제재를 불러왔다. 유엔은 2000년대 들어 안보리 결의 1540호(2004년), 1695호(2006년), 1718호(2006년), 1874호(2009년), 2087호(2013년 1월), 2094호(2013년 3월)를 잇따라 발표했다. 이 가운데 안보리 결의 1718호, 1874호, 2094호는 세 차례에 걸친 북한 핵실험(2006년, 2009년, 2013년)에 대한 유엔 차원의 대북 제재로서 국제사회의 다자간 대북 제재 레짐의 근간을 이루고 있다.[1]

안보리 결의 1540호(2004년)는 핵·생화학 무기 등 대량 살상 무기(WMD) 및 운반 수단, 그리고 '관련 물자'를 획득하려는 비국가 행위자들에게 '어떠한 형태의 지원'도 금지하도록 했다. 이 결의는 세계 평화

---

1 장형수, 「대북경제제재: 현황과 전망」, ≪KDI 북한경제리뷰≫, 2013년 3월 호, 27~51쪽.

와 안보에 대한 국제적인 위협인 대량 살상 무기 확산 문제 해결을 위한 유엔 안보리 차원의 최초의 공식적인 결정이다. 그 핵심 내용은 대량 살상 무기 및 그 운반 수단, 그리고 '관련 물질'들이 비국가 행위자, 특히 테러리스트의 손에 들어가지 않도록 모든 국가가 일련의 조치를 취한다는 광범위한 의무 사항이었다.

안보리 결의 1718호(2006년)는 북한의 1차 핵실험 직후 이루어진 제재 결의로서 모든 회원국들에게 북한에 대한 군용 장비나 제품 및 기술 지원, 핵무기 프로그램, 탄도미사일 프로그램, 생화학 무기 프로그램 리스트에 게재된 관련 물자, 장비, 제품, 기술 등의 지원 제공을 금지했다. 아울러 북한에 대한 사치품 수출 금지, 북한 인력의 출입국 제한 조치 등도 결의했다.

북한의 2차 핵실험 직후 채택된 안보리 결의 1874호(2009년)는 기존 1718호의 철저한 이행을 촉구하고 무기 금수 및 수출 통제, 화물 검색, 금융 제재를 강화한 것이 특징이다. 이 결의에서는 대량 살상 무기와 미사일 개발에 도움이 될 수 있는 모든 금융거래를 차단하고, 무기 금수 대상도 핵과 미사일, 대량 살상 무기는 물론이고 소형 무기를 제외한 모든 품목으로 대상을 확대했다. 또한 캐치 올(catch-all) 성격의 대북 수출 통제를 강화하고, 금수 품목이 적재된 것으로 의심되는 선박은 선적국의 동의를 얻어 공해상에서도 검색할 수 있도록 했다.

2013년 2월 북한의 3차 핵실험 직후 채택된 안보리 결의 2094호(2013년)는 제재 대상과 통제 품목을 확대했고, 금융 제재, 화물 검색, 선박·항공기 차단, 금수 조치(catch-all 시행 촉구 등) 분야에서 제재 조치의 실질

<표 2-1> 2000년대 후반 이후 UN의 대북 제재

연도	북한의 행동	UN 발표		
		일자	형식	주요 내용
2006년	7.5 미사일 발사	7.16	결의 1695호	·탄도미사일 프로그램 전면 중단과 미사일 관련 물품의 대북 수출입 금지
	10.9 1차 핵실험	10.15	결의 1718호	·추가적인 핵실험 및 탄도미사일 발사 금지 ·핵 · WMD 확산 관련 교역 금지, 자산 동결 및 활용 금지, 여행 금지, 선박 검사 등
2009년	4.5 미사일 발사	4.14	의장 성명	·안보리 결의 1718호를 위반한 미사일 발사를 규탄 ·추가적인 미사일 발사 금지
	5.25 2차 핵실험	6.13	결의 1874호	·추가적인 핵실험 또는 '탄도미사일 기술을 이용한 발사' 금지 ·대북 교부, 금융 지원, 융자 및 대북 무역 공공 금융 지원 금지 ·북 국제금융 기구 가입 및 유엔 기구 · 기금 · 프로그램 가입 금지
2012년	4.13 미사일 발사	4.16	의장 성명	·탄도미사일 기술을 이용한 어떤 추가적 발사도 진행하지 말 것과 탄도미사일 관련 모든 활동 중단 ·북 추가 발사 또는 핵실험이 있을 경우, 그에 상응하는 조치
	12.12 미사일 발사	2013. 1.23	결의 2087호	·탄도미사일 기술을 이용, 안보리 결의 1718 · 1874호를 위반한 미사일 발사 규탄 ·제재 대상의 추가(단체 6, 개인 4) ·기존 제재 조치(대북 금융거래 등) 보강 ·추가 발사 또는 핵실험이 있을 경우 중대한 조치를 취할 것
2013년	2.12 3차 핵실험	3.8	결의 2094호	·북한의 우라늄농축프로그램(UEP)에 대한 규탄 ·제재 대상과 통제 품목의 확대 ·금융 제재, 화물 검색, 선박 · 항공기 차단, 금수 조치 등의 분야에서 제재 강화 ·추가 발사 또는 핵실험 시 추가적인 중대한 조치를 취할 것

자료: 통일부, 외교부.

적인 강화가 이루어졌다. 또한 ① 금지 품목 적재 의심 항공기에 대한 이착륙 및 영공 통과 불허, ② 결의에 반하는 북한 은행의 해외 신규 활동 및 회원국 금융기관의 북한 내 신규 활동 금지, ③ 북한 외교관의 위법 활동에 대한 주의 강화, ④ 금수 대상 사치품 예시 목록 지정(보석류, 요트, 고급 자동차 등) 등과 같은 새로운 내용이 포함되었다.

3. 북한에 대한 국제사회 양자 제재 레짐의 개입 실태

1) 미국의 대북 경제제재

미국의 대북 제재는 북한에 대한 수출 금지와 거래 관계 전면 중지, 수출입 및 금융거래, 투자 행위, 원조 등의 금지, 이중 용도로 사용 가능한 제품 및 기술 수출에 대한 제약, 국제금융 기구들이 미국 출연 자금을 대북 지원에 사용하는 것에 대한 금지 등 매우 포괄적인 내용으로 이루어져 있으며 그 역사 또한 오래되었다.

미국이 북한에 경제제재를 취하는 원인은 크게 보아 다음의 네 가지이다. 미국 국가 안보에 대한 위협, 국제 테러를 지원하는 국가, 공산주의 정부 및 마르크스-레닌주의 국가, 대량 살상 무기 및 핵무기 확산 등이다(〈표 2-2〉 참조).

이에 따라 미국은 1950년 한국전쟁 발발 이후 수십 가지의 관련 법과 규정을 동원해 북한을 압박해왔다. 역사적으로 보면 제재의 발생 및 강

〈표 2-2〉 미국의 대북 경제제재의 원인과 제재 관련 법

제재 원인	제재 관련 법
미국의 국가 안보에 대한 위협	·**적성국교역법**(해외 자산 통제 규정) ·국가비상사태법 ·방위산업법 ·수출관리법(수출 관리 규정)
국제 테러를 지원하는 국가	·**수출관리법**(수출 관리 규정) ·대외지원법 ·수출입은행법 ·무기수출통제법(국제 무기 거래 규정) ·국제금융기관법 ·대외활동수권법
공산주의 정부 및 마르크스-레닌주의 국가	·**수출입은행법** ·대외원조법 ·브레턴우즈협정법
대량 살상 무기 및 핵무기 확산	·**무기수출통제법**(국제 무기 거래 규정) ·수출관리법(수출 관리 규정) ·원자력 에너지법 ·핵확산금지법 ·북한위협감소법

주: 1) 고딕체로 표시한 것이 각 범주에서 가장 중요한 법률이다.
　　2) 이 밖에 북한의 인권 문제도 있으며 이와 관련된 제재 법으로는 대외원조법, 국제종교자유법, 인신매
　　　매피해자보호법 등이 있다.

화기 → 완화기 → 재강화기의 흐름으로 진행되어왔다. 실제로 대북 경제제재는 여러 가지 법이 서로 결합되어 있는 상태이기 때문에 일부 법의 해제만으로는 제재를 풀기가 어려운 상황이다.

(1) 대북 경제제재의 발생 및 확대 · 강화기

미국의 대북 경제제재 역사는 1950년 한국전쟁 발발로 거슬러 올라간다. 따라서 미국의 경제제재는 60년의 역사를 보유하고 있는 셈이다.

미국은 한국전쟁이 일어난 지 사흘 만인 1950년 6월 28일, 수출통제

법(Export Control Act)[2]을 발동해 북한에 대한 수출을 전면 금지했다. 그리고 그해 12월 17일, 적성국교역법(Trading with the Enemy Act)에 의거해 해외 자산 통제 규정(Foreign Assets Control Regulations)을 공포했다. 이 규정은 한국전쟁 발발과 중국의 참전이 계기가 되었는데, 당시 미국의 트루먼 대통령은 그 상황을 국가비상사태(national emergency)로 간주했다. 이 규정에 의거해 미국은 북한과 중국에 대한 교역과 투자, 금융거래, 운송을 포함한 포괄적 경제제재를 단행했으며, 북한에 대한 제재는 이후 지속되었다.[3]

1950년대 이후에도 미국은 북한이 사회주의 국가이고 국가 안보에 위협이 된다는 이유로 다양한 법적 근거를 통해 경제제재를 강화해왔다. 1951년 무역협정연장법(Trade Agreements Extension Act)은 유고슬라비아 이외의 공산주의 국가에 대한 최혜국대우(Most-Favored-Nation: MFN)[4] 부여를 금지했다. 이에 따라 북한은 동년 9월, 최혜국대우 부여가 금지되었다. 동법은 1962년 무역확대법(Trade Expansion Act of 1962)으로 흡수되었고 1974년에는 무역법(Trade of Act of 1974)으로 통합되었

---

2 이 법은 이후 1969년, 그리고 1979년에 수출관리법으로 변경되었다.

3 중국은 1971년 6월, 적성국교역법 적용에 따른 경제제재가 해제되었다. 적성국교역법 적용은 대통령이 1년을 기한으로 매년 연장하게 되어 있다. 따라서 대통령이 의회 동의 여부에 상관없이 해제가 가능하다. 제재 근거의 하나인 '미국 안보의 위협 대상'이라는 평가는 주로 대통령의 재량으로 결정된다. 대통령은 어떠한 경우라도 이러한 입장을 갱신하지 않을 수 있고 철폐할 수도 있다. 또한 의회와 공동 결의로 국가비상사태를 철폐할 수 있다. 1999년부터 2000년까지 대북 제재가 일부 완화된 것은 미 대통령의 이러한 권한 행사에 따른 것이다.

4 최혜국대우는 미국에서 1998년 정상교역관계(Normal Trade Relations: NTR)로 용어가 변경되었다.

다. 그런데 1951년 무역협정연장법에서 사회주의 국가들에 대한 최혜국 지위의 거부를 규정한 조항은 1974년 무역법에서 이른바 잭슨-배닉 수정조항(Jackson-Vanik Amendment)으로 대체되었다.

잭슨-배닉 수정조항은 "이민의 자유를 허용하지 않는 비시장경제(Nonmarket Economy: NME) 국가"에 대해 다음의 두 가지 혜택을 부여하지 않는다고 규정하고 있다. 첫째, 무역에 있어서 최혜국 지위, 둘째, 수출입은행(Ex-Im Bank)의 신용공여와 해외민간투자공사(OPIC)의 투자보증 등이다.

그리고 1974년 무역법에서는 최혜국(혹은 정상 교역 관계)대우가 금지된 어떤 나라에 대해서도 일반특혜관세(Generalized System of Preferences: GSP)[5] 공여를 금지하게 되었다. 이에 따라 북한은 1975년 1월, 일반특혜관세 혜택을 받지 못하게 되었다.

이러한 관련 조항은 1988년에 무역 및 경쟁력 강화 총괄법(Omnibus Trade and Competitiveness Act of 1988)에 의한 종합관세율표(Harmonized Tariff Schedule of the U.S)로 변경되었다. 여기서는 '공산주의 국가'라는 표현이 사라진 대신 세계 모든 나라를 적용 관세율에 따라 여러 군으로 나누었다. 그리고 북한은 제2열 관세율(Rate of Duty Column 2) 적용 국가군에 속하게 되었다. 사실상 수출 금지 관세인 제2열의 높은 관세를 적용받게 된 것이다. 현재 쿠바도 제2열의 높은 관세를 적용받고

---

5 일반특혜관세는 선진국이 개도국에 대해 최혜국대우보다 더 낮은 관세를 부여하는 일방적 시혜 성격의 조치로서 1974년 도쿄 라운드에서 선언되었다.

있다.

한편 1961년의 대외원조법(Foreign Assistance Act of 1961)도 북한에 대한 원조 금지를 명문화했다. 이 법은 공산주의 국가, 테러 지원 국가, 인권침해 국가 등에 대한 지원 및 원조 금지를 규정하고 있다. 특히 모든 공산주의 국가에 대한 미국의 원조를 금지하고 있는데 북한도 예외는 아니다. 테러 지원 국가에 대해서도 이 법을 적용하고 있는데 북한은 1988년부터 이 범주에 포함되어 있다.

1986년 수출입은행법(Export-Import Bank Act of 1945)의 개정도 북한에 대한 제재 강화로 작용하고 있다. 개정된 동법은 공산주의 국가와의 거래에 대해 수출입은행의 보증과 보험, 신용 제공 등을 금지하고 있는데 북한은 이 법에서 거래 제한 국가로 명시되어 있다. 이 경우에는 미국 대통령이 국가이익을 위해 필요하다고 판단할 때에만 그 적용이 면제된다.

한편 미국의 대북 경제제재가 한층 강화된 계기는 1987년 11월 대한항공기 폭파 사건이다. 이 사건으로 북한은 1988년 1월 20일을 기해 테러 지원 국가 명단에 등재되었고, 이에 따라 추가적으로 다양한 고강도 경제제재를 받게 되었다.

미국의 경제제재 법령 중에서 가장 광범위하고 종합적으로 대북 경제제재를 규정하고 있는 법령은 수출관리법(Export Administration Act of 1979)과 그 시행령인 수출 관리 규정(Export Administration Regulation of 1996: EAR)이다. 수출관리법은 북한에 대한 제재와 수출 통제를 정의하고 있다. 미 대통령은 이 법에 따라 통제 국가 목록을 작성한다. 이때

1961년의 대외원조법상에 지원 금지 공산주의 국가 목록에 있는 나라들은 자동적으로 포함되는데, 북한도 1961년 상기 법의 목록에 있어서 자동적으로 포함되었다. 아울러 국제 테러를 지원하는 국가에 대해서도 제재를 가하는데 북한은 1988년 1월 이후 테러 지원국 명단에 포함된 바 있다. 따라서 북한은 공산주의 국가, 테러 지원 국가라는 이중 규제를 받고 있는 셈이다.

수출 관리 규정상의 수출 통제 규정들은 국가 안보, 대외 정책, 핵 확산 금지 등을 목적으로 제정되며 특정한 수출, 재수출 및 특정 행위를 통제하고 있다. 이 규정의 742조는 교역 통제 물품 목록(Commerce Control List: CCL)에 근거한 수출 통제를 명문화해, 대량 살상 무기의 통제 및 북한과 같은 국제 테러 국가에 대한 수출 통제 근거를 제시하고 있다. 또한 이 규정은 국제 테러 지원 국가에 대해 규정된 품목의 수출, 재수출을 금지하고 있다. 따라서 CCL에 올라 있는 모든 품목을 북한에 수출 혹은 재수출하기 위해서는 허가를 얻어야 한다.

그리고 어떤 국가가 일단 국무부의 테러 지원국 명단에 오르면 수출 관리법뿐 아니라 다른 법규의 적용도 받게 된다. 즉, 테러 지원국 명단에 올라 수출관리법의 적용 대상이 되면 무기수출통제법(Arms Export Control Act of 1976)과 대외원조법도 동시에 발동되고 수출입은행법, 국제금융기관법(International Financial Institution Act of 1988), 대외활동수권법(Foreign Operations, Export Financing, and related Programs Appropriations Act of 1991) 등도 적용된다. 이러한 법령들에 근거해 이루어지는 테러 지원국에 대한 제재 조치로는 무역 제재, 무기 수출 금지, 테러에 사용될 가능성이 있는 이중 용도 품목 수출 금지, 대외 원조 금지 등이 있다. 특히 통상 관련 내용으로는 일반특혜관세제도의 적용 금지, 대외 원조 및 수출입은행의 보증 금지, 국제금융 기구에서의 차관 지원 반대 등이 해당된다.

(2) 대북 경제제재의 완화기

미국의 대북 경제제재 완화는 크게 네 번에 걸쳐 이루어졌다. 이러한 완화 과정은 기본적으로 북·미 간의 협상에 의해서 북한 측의 요구를 선별적으로 수용하는 차원에서 이루어진 것이 많다.

처음으로 미국이 대북 제재를 완화한 것은 1989년 초이다. 미국은 해외 자산 통제 규정, 수출관리법의 일부 개정을 통해 비상업 분야와 출판, 그리고 인도주의 측면에서 극히 제한적인 완화 조치를 취했다. 두 번째 완화 조치는 북핵 문제 해결을 위한 북·미 간 접촉의 산물로 이루어진 것이다. 1994년 10월 북·미 간에 기본합의서(Agreed Framework)가 체결됨에 따라 동 합의 문서에 명시된 내용에 근거해 1995년 1월 행정명령(Executive order)으로 통신, 무역, 금융 등의 분야에서 제재가 일부 완화된 것이다. 세 번째 완화 조치는 1997년에 이루어진 것으로서 해외 자산 통제 규정을 일부 개정한 부분적 조치이다.

네 번째 완화 조치는 미국이 대북 경제제재의 포괄적인 해제를 시도한 것으로 2000년 6월에 단행되었다. 종래에 이루어진 세 번의 완화 조치가 부분적이었던 것에 반해 이것은 무역 및 투자의 허용, 이를 지원하기 위한 자금 거래의 허용 등 광범위하고 포괄적인 해제라고 할 수 있다. 이 조치는 북한의 미사일 재발사 유보에 화답하고, 북한과의 전반적인 관계를 개선하고, 기본합의서 내용을 준수하려는 미국의 입장 변화에 따라 취해진 것이다. 주요 내용은 대부분의 북한산 상품 및 원자재 수입 허용, 대부분의 미국 소비재 상품의 대북한 판매 및 금융 서비스 허용, 농업, 광업, 석유, 목재, 교통, 도로, 여행 및 관광 분야에서 미국 기업의 대북한 투자 허용, 친·인척 및 북한인에 대한 미국인의 직접 송금 허용 등이다.

(3) 대북 경제제재의 재강화기

2002년 2차 북핵 위기, 2006년 미사일 발사, 핵실험 등을 배경으로 미국은 북한에 대해 경제제재를 다시금 강화했다. 다만 완화되었던 제재를 재부여하는 방식이 아니라 새로운 형태로 북한을 압박하는 조치를 강구했다.

새로운 형태의 제재는 개별적인 조치들로 자금과 대량 살상 무기 확산과 관련된 북한의 접근성에 제약을 주기 위한 방향에서 이루어졌다. 그 조치들의 핵심은 북한 해외 자금의 동결이다. 2005년 9월 미 재무부는 애국법(Patriot Act) 311조를 적용해 방코델타아시아(BDA)를 북한의 불법 거래 지원 혐의 대상자로 지정했다. BDA의 북한 자금 동결은 2007년 2·13 합의로 해결되었지만 북한은 1년 6개월 동안 이 제재를 대북 적대시 정책의 집중적 표현이라고 주장하면서 강력히 반발한 바 있다.

아울러 미국은 대량 살상 무기와 미사일 개발 및 확산과 관련되었다고 판단되는 북한 기업에 대한 제재 조치에도 착수했다. 2005년 10월 미국은 국제비상경제권한법(IEEPA)에 따라 여덟 개의 북한 기업을 대량 살상 무기 및 이동 수단의 확산 대상자로 지정했다. 이들 북한 기업에 대해서는 미국 개인 간의 모든 거래를 금지하고 이 기업들이 미국 관할 하에서 소유하는 모든 자산을 동결했다.

이 밖에도 2006년 4월에는 해외 자산 통제 규정에 의거해 미국 기업 이나 미국 거주 외국 기업들이 북한 선적으로 등록한 선박을 소유·임차·운영하지 못하도록 함은 물론 보험에도 가입하지 못하도록 했다. 같은 해 11월에는 유엔 안보리의 대북 제재 결의 1718호에 따라 설치된 제재위원회에 북한의 대량 살상 무기 확산 활동과 관련되었다고 지정된 12개 업체와 1명의 개인 명단을 제출하기도 했다. 2007년 1월에는 상무 부 산업안보국이 EAR을 개정, 새로운 수출 통제를 실시했는데 여기에 는 북한에 대한 사치품 수출 금지가 포함되어 있다.

한편 미국은 2008년 6월 북한을 테러 지원국 명단에서 삭제하고 적성 국교역법 적용을 중단하기로 결정했으나 이는 상징적인 의미만 가질 뿐 이었다. 게다가 미국은 국제비상경제권한법에 따른 북한 자산 동결 등 상당수 경제제재 조치를 그대로 남겨두고 매년 6월 행정부가 판단해 이 를 연장할 수 있도록 했다.

나아가 2000년대 후반 이후에는 법률이 아니라 행정명령의 형태를 통한 대북 제재도 증가했으며, 특히 북한만을 대상으로 한 행정명령이 새롭게 등장했다. 우선 2008년 6월에 행정명령 13466호를 발표, 북한 관련 자산의 동결 유지, 미국인의 북한 선박 보유·운영 금지 등의 조치를 취했다. 이어 2010년 8월에는 행정명령 13551호를 발표했는데, 이는 종전의 행정명령 13466호에 명시된 국가 비상(national emergency) 상황의 범주를 확대한 것으로 북한의 위협이 심상치 않음을 확인하고 있다. 이 행정명령은 북한이 유엔 안보리 결의안 1718호 및 1974호에 반하고 국제사회의 규범을 무시하는 등 불법적 행위를 확산하는 데 미국이 지속적으로 개입하며, 특히 북한의 군수품 밀거래, 사치품, 돈세탁, 화폐 및 상품 위조, 마약 밀매 등과 같은 불법적 경제행위에 관여한 개인과 기업에 대한 제재를 목표로 하고 있다.

2) 일본의 대북 경제제재

북한에 대한 일본의 경제제재는 2002년 북·일 정상회담에서의 일본인 납치 의혹 제기로 촉발되고 2006년 이후 북한의 미사일 발사 및 핵실험으로 인해 강화되었다. 일본의 대북 경제제재는 인도적 지원에 대한 동결·연기, 대북 송금 보고의 의무화, 특정 품목의 무역 정지, 특정 선박의 입항 금지 등에서 출발해서 무역의 전면적인 중단, 북한 국적자의 입국 금지, 북한 선박의 전면적 입항 금지 등으로 확대·강화되었다(〈표 2-3〉 참조).

일본은 현재 북한에 군사 제재를 제외한 거의 모든 형태의 제재를 취하고 있는데 달리 보면 평화 시에 취할 수 있는 제재 조치의 거의 대부분을 시행하고 있다고 볼 수 있다. 특히 일본은 2007년 북핵 6자 회담 2·13 합의에 따른 대북 중유 지원에 대해서도 6자 회담 참가국 중 유일

시기	배경	법적 근거	주요 내용
2003.6	북한의 핵미사일 및 일본인 납치 문제	항만국 통제(Port State Control: PSC)	· 니가타에 입항하는 만경봉 92호의 감시와 안전 검사 강화(2002년 대비 약 네 배 증가: 2002년 40회, 2003년 6개월간 78회)
2004.2	납치 문제 해결 압박	외국환 및 외국무역법	· 기존 법률은 UN 결의안에 의해서만 대북 송금을 제한했지만 개정 법률은 일본의 평화 및 안전 유지를 위해 조치를 취할 수 있다고 명기
2004.6	납치 문제 해결 압박	특정 선박의 입항 금지에 관한 특별조치법	· 만경봉 92호의 입항을 제한
2005.3	선박 좌초 시 철거 비용 회수 명목(실상은 납치 문제 해결 압박)	선박유탁손해배상보장법	· 북한 선박의 일본 입항을 금지하기 위한 조치(북한 선박의 보험 가입률이 매우 저조하기 때문)
2006.10	북한의 장거리 미사일의 일본 상공 통과	외국환 및 외국무역법	· 모든 북한 물품의 수입 금지 · 북한 국적자의 입국 금지 · 6개월간 한시적으로 일본 물품의 대북 수출 금지

자료: 임강택, 『대북 경제제재에 대한 북한의 반응과 대북 정책에의 함의』(통일연구원, 2013), 16~17쪽.

하게 불참하는 등 북한에 대한 경제제재 면에서 세계에서 가장 강경한 태도를 취하고 있다.

3) 한국의 대북 경제제재

한국도 2010년 '천안함 사건' 발생 이후 이른바 5·24 조치라는 이름으로 북한에 대한 경제제재 조치를 단행했다. 이는 일반 물자 교역 및 위탁가공 교역의 금지, 북한에 대한 인도적 지원 대부분의 금지, 한국인의 북한 방문 금지 등으로 이루어져 있다. 2008년 금강산 관광 중단 조치가 취해진 상황에서 단행된 5·24 조치는 개성공단을 제외한 남북 경협의 거의 모든 중단을 의미하는 것으로서 남북 관계에서 예를 찾아보기 힘든 매우 강력한 대북 경제제재 조치로 평가받고 있다.

5·24 조치의 주요 내용은 다음과 같다. 우선, 북한 선박의 우리 해역 운항을 불허했다. 제주해협을 비롯해 우리 측 해역에 대한 북한 선박의 운항과 입항을 금지했다. 이어 남북 교역을 중단했다. 남북 간 일반 교역, 위탁가공 교역을 위한 모든 물품의 반출과 반입을 금지했다.

또한 우리 국민의 방북을 불허했다. 개성공단과 금강산 지구를 제외한 북한 지역에 대한 우리 국민의 방북을 불허하고, 북한 주민과의 접촉을 제한했다.

북한에 대한 신규 투자도 불허했다. 당시 진행 중이던 사업의 투자 확대도 금지했다. 대북 지원은 원칙적으로 보류되었다. 다만 영·유아 등 취약 계층에 대한 순수 인도적 지원은 유지했다. 개성공단에 대한 규제 조치도 취해졌다. 우리 기업의 신규 진출과 투자 확대를 불허했고, 남측 체류 인원을 축소 운영했으며, 개성공단 밖 임가공(외주 사업) 역시 금지했다.

아울러 금강산 및 개성 관광 중단도 지속되었다. 5·24 조치의 발표 내용에 명시적으로 포함되어 있지는 않지만 5·24 조치는 그동안 중단되었던 금강산 및 개성 관광이 계속 중단 상태에 놓이게 됨을 의미했다.

4. 다자 · 양자 경제제재 레짐에 대한 북한의 법제도적 대응

1) 다자 · 양자 간 대북 제재가 북한 경제에 미친 영향

일반적으로 경제제재의 목적은 제재 대상국에 경제적 타격을 가함으로써 제재국이 바라는 정치적 · 외교적 목표를 달성하는 것이다. 그런데 지금까지 북한에 대한 다자 · 양자 간 제재는 북한의 핵 프로그램 포기 및 핵무기 폐기 등과 같은 정치적 · 외교적 목표를 달성하는 데 성공적이지 못했다는 평가가 압도적이다. 다만 북한에 경제적 타격을 준다는 경제적 목표를 달성했는지 여부는 개별 제재에 따라 다소 상이한 양상을 보이고 있다.

우선 유엔 안보리 결의 형태의 다자적 경제제재는 국제법적 구속력이 있는 측면과 유엔 회원국으로서의 도덕적 책임에 호소하는 측면이 혼재되어 있다는 점, 게다가 중국의 미온적인 태도 등으로 인해 북한에 대한 경제적 타격에 한계가 존재한다는 것이 일반적인 평가이다. 다만 한 연구[6]에 따르면 유엔 안보리 결의(2006년의 1718호 · 2009년의 1874호) 이후 북한의 무기 수출이 감소한 것으로 나타나는 등 경제적 측면에서 유엔 제재의 효과가 일부 확인되고 있다.

미국의 대북 경제제재는 1950년 이후 오랜 역사를 가지고 있고, 시간

---

6 이재호 · 김상기, 『UN 대북 경제제재의 효과 분석: 결의안 1874호를 중심으로』(한국개발연구원, 2011).

이 흐름에 따라 여러 제재 조치들이 촘촘하게 얽히게 되면서 제재 효과를 정확히 평가하기는 어렵지만, 북한의 경제적 타격은 적지 않은 것으로 평가되고 있다. 세계 최대 시장인 미국과의 무역 단절과 최혜국대우 적용 제외 등이 북한의 대외 경제 확대에 제약 요인으로 작용한 것은 부인할 수 없는 사실이다. 또한 2005년 마카오 소재 은행 방코델타아시아에 대한 금융 제재는 북한에 대한 직접적인 제재는 아니었지만 북한에 준 타격은 적지 않았던 것으로 평가되고 있으며, 따라서 미국은 기회가 있을 때마다 이러한 방식의 금융 제재의 가능성을 내비치면서 북한을 압박하고 있다.

일본의 대북 경제제재로 인해 북·일 간의 교역이 급격히 감소하고 급기야 아예 중단된 것은 통계로도 확인되고 있다. 즉, 일본의 대북 경제제재로 인해 북한이 '당사자 효과'로 경제적 타격을 입은 것은 분명해 보인다. 다만 북한이 일본으로의 수출 감소 상당 부분을 한국으로의 수출 증가로 만회하는 '제3국 효과'가 관찰되고 있다는 조사 결과[7]도 제시된 바 있다. 따라서 '당사자 효과'와 '제3국 효과'를 종합해보면 일본의 경제제재로 인한 북한의 경제적 타격은 그다지 크지 않다는 것이 일반적인 평가이다.[8]

한국의 대북 경제제재가 북한 경제에 준 타격에 대해서는 정확하게

---

7 이석, 「대북 경제제재와 북한 무역: 2000년대 일본 대북 제재의 영향력 추정」, ≪한국개발연구≫, 32권 2호(2010).

8 미무라 미쓰히로(三村光弘)도 일본의 경제제재로 인한 북한의 경제적 타격은 그다지 크지 않다는 견해를 제시하고 있다. 미무라 미쓰히로, 『일본의 대북한 경제제재의 경제적 효과 분석』(대외경제정책연구원, 2005) 참조.

평가하기가 어렵다.[9] 우선 제재의 '당사자 효과'는 작지 않은 것으로 보인다. 5·24 조치 및 금강산 관광사업 중단, 그리고 인도적 지원 중단으로 인한 북한의 외화 수입 감소분은 상당한 규모로 추정되고 있다. 문제는 '제3국 효과'이다. 5·24 조치 이후 북한은 중국에 대한 무연탄, 철광석 등 광산물 수출을 크게 늘렸으며 이에 따라 북·중 교역이 급증하고 북한의 대중 무역수지 적자가 크게 감소했다. 따라서 5·24 조치로 인한 외화 수입 감소분을 북·중 교역 증대를 통해 보충하고 있음을 알 수 있다. 이는 당초의 예상을 뛰어넘은 것이다. 다만 한국으로의 수출길이 막힌 모든 품목을 중국으로 전환할 수 있었던 것은 아니다. 결국 얼마나 쉽게 수출선(輸出先)을 전환할 수 있었는가, 그 전환 과정에서 얼마나 고통을 겪었는가 하는 것이 관건이다.

2) 다자·양자 간 대북 제재에 대한 북한의 인식

북한은 국제사회의 다자·양자 간 대북 제재, 특히 미국의 제재에 대한 반감을 공개적으로, 그리고 때로는 매우 격하게 표출하고 있다. 북한의 공간 문헌에서는 이러한 인식을 쉽게 확인할 수 있다.

우리 민족의 존엄과 자주권을 짓밟으며 더욱 로골적으로 감행되는 미제의 경제제재 및 봉쇄 책동은 그 류례를 찾아볼 수 없는 가장 악랄하고 비

---

9 5·24 조치의 효과를 둘러싼 논란에 대해서는 김중호, 「대북 경제제재의 효과와 대북 정책 시사점」, ≪수은북한경제≫, 2012년 여름 호 참조.

렬한 침략책동이다. …… 조국해방전쟁 시기 미제는 우리 나라를 공중과 해상으로부터 완전히 봉쇄하고도 1950년 6월에는 '수출관리법'을 만들어 우리 나라에 대한 일체 수출을 금지하도록 하였으며 1950년 12월에는 또다시 '적성국무역법'의 시행세칙으로 '외국자산통제규정'을 내놓고 우리 나라를 적국으로 규정하면서 전면적인 경제제재와 봉쇄를 감행하였다. 이러한 법들은 지금까지 수십 차례 수정 · 보충되면서 50년 이상이나 적용되어 오고 있으며 우리 나라의 경제 발전에 적지 않은 지장을 주고 있다.[10]

2000년대 후반 이후 일본이 북한에 대한 경제제재의 선두에 서자 북한은 일본에 대해서도 거친 반응을 보였다.

일본 반동들이 해방 후부터 오늘에 이르기까지 60년이 넘는 기나긴 세월 끈질지게 감행하여 온 우리 공화국에 대한 경제적 제재 책동은 40여 년간에 걸친 일제의 식민지 강점 통치에 못지 않는 범죄 행위이다. …… 일본 반동들의 반공화국 경제봉쇄 책동은 새 세기에 들어와 더욱 무모해진 미제의 반공화국 책동에 편승해 '랍치문제와 핵, 미싸일 문제 해결'을 전면에 내걸고 광란적으로 감행되었다.[11]

---

10 김경일, 「우리 나라에 대한 미제의 경제제재 및 봉쇄 책동의 악랄성과 그 침략적 성격」, ≪경제연구≫, 2007년 1호, 49쪽.
11 김철, 「우리 나라에 대한 일본 반동들의 범죄적인 경제적 제재 책동」, ≪경제연구≫, 2008년 2호, 54~55쪽.

3) 다자·양자 간 대북 제재에 대한 법제도적 대응

북한은 국제사회의 다양한 대북 경제제재로 인한 피해를 중국과의 경협 확대를 통해 상쇄하려 하고 있다. 특히 2000년대 후반 이후 중국과의 경협 확대를 위한 법제도적 기반 확충에 적극 나서고 있다.

북한은 1984년 9월 '조선민주주의인민공화국(이하 생략) 합영법' 채택(제정)을 시작으로 2011년 12월 '황금평·위화도 경제지대법' 채택에 이르기까지 14개의 외국인 투자 관련 법령을 마련했다. 특히 2008년 이후 남북 관계가 경색 국면으로 접어든 것에 더해 2010년 한국의 5·24 조치가 취해지면서 권력 승계 과정이 진행 중이던 2011년 11월과 12월에 외국인 투자 관련법을 대대적으로 정비, 13개의 법률에 대한 대폭적인 개정을 단행했다. 이는 합영법, 합작법, 외국인 투자법, 외국인 기업법 등과 같은 외국인 투자 핵심 법률뿐 아니라 외국인 투자 기업 노동법, 외국인 투자 기업 재정 관리법, 외국인 투자 기업 파산법, 외국 투자 기업 및 외국인 세금법, 외국 투자 기업 등록법, 외국 투자 기업 회계법, 외국 투자 은행법, 토지 임대법 등 외국인 투자 관련 주변 법률까지 포함하고 있다. 즉, 북한이 그동안 여러 차례 추진해왔던 외국인 투자 관련법 개정 경험에 비추어본다면 법 개정이 일시에, 그리고 광범위하게 이루어졌다는 것이 큰 특징이다.

내용적으로는 행정 규제의 전반적인 완화, 노동력 채용의 경직성 완화, 투자 인센티브 강화, 일부 형벌 규정의 삭제 등 외국인 투자 유치를 위한 다양한 제도적 장치를 강화했다. 예컨대 개정 외국인 기업법은 외국 기업의 투자 유치 일환으로 "장려 부분의 외국인 기업은 일정한 기간 기업 소득세를 감면받을 수 있다"는 조항을 신설했다(제24조). 그리고 관련 기관이 외국인 투자 기업의 투자 및 세무 상황을 "검열"할 수 있다고 규정하던 것을 "료해"[12]할 수 있다고 그 수위를 낮추었다(제26조). 특히 국유화에 대한 보상 및 분쟁 해결을 위한 조정 제도의 도입은 외국인 투자의 대북 투자 시 발생할 수 있는 분쟁을 적절하고 효율적으로 해결할 수 있는 가능성을 보여준 의미 있는 진전으로 평가되고 있다.[13]

특히 주목할 만한 것은 나선 경제무역지대법과 황금평·위화도 경제지대법이다. 나선 경제무역지대법은 1993년 1월 31일 최고인민회의 상설회의 결정 제28호로 채택되어, 2011년 12월에 수정되기까지 총 일곱 번 개정되었다. 그런데 2011년 12월의 개정은 그 폭이 워낙 넓어서 개정이라기보다는 신규 제정에 가깝다고 할 수 있다.

황금평·위화도 경제지대법은 나선 경제무역지대법 개정이 이루어진 바로 그날, 즉 2011년 12월 3일에 채택되었다. 개정된 나선 경제무역지대법과 법의 사명, 개발 산업 구성, 개발 방식 등에서 약간 차이가 있을 뿐 내용적으로는 매우 유사하다는 것도 눈에 띄는 대목이다. 개정된 나선 경제무역지대법은 무엇보다도 종전에 비해 외국인의 투자 유치를 위해 제도적 보장 장치를 대폭 강화했다.[14]

---

12 '료해(了解)'란 사정이나 형편이 어떠한가를 알아본다는 의미이다.

13 신현윤, 「최근 북한 외국인 투자관계법 개정의 과제와 전망」, ≪저스티스≫, 통권 131호 (2012), 276~277쪽.

14 이규창, 「김정일 사망 전후의 북한 법제정비 의미와 특징」, 통일연구원(2012.3.6).

첫째, 투자자의 재산 국유화 금지 및 국유화 시 보상한다는 규정과 신변 안전보장 규정을 신설했다. 또한 외국 투자자의 경우 임차만 가능하도록 규정하고 있는 구법과는 달리 건물 소유권 취득도 가능하도록 규정하고 있다. 둘째, 해외 투자자들의 안정적인 사업 운영을 위해 토지임대 기간을 50년으로 명시했다. 구법에는 기간이 명시되어 있지 않았다. 셋째, 분쟁 해결 규정도 대폭 손질했다. 구법이 하나의 조문에서 규정하고 있는 것에 비해 개정 법령은 신소, 조정, 중재, 재판 등 네 가지 분쟁 해결 방안을 규정하고 있다. 넷째, 국제적인 기준을 강조했다. 경제무역지대의 관리 원칙에서는 '국제관례'를 참고한다고 규정하고 있고, 상품의 원산지 관리에서도 '국제관례'에 맞게 해야 한다고 강조하고 있다. 중재에 의한 분쟁 해결에서도 국제중재위원회의 중재 규칙에 따른다고 규정하고 있다. 다섯째, 각 지대의 독립성을 위해 독자적인 관리위원회를 신설했고 관리위원회의 운영에 관한 여러 규정들을 두고 있다.

특히 개정된 나선 경제무역지대법은 기존의 개성공업지구법보다 개혁·개방성 면에서 진전된 요소가 꽤 있다는 점에서 눈길을 끌었다. 우선 개성공업지구법에서는 남측 기업의 참여를 중심으로 특구의 남측 기업이 특구 밖의 북한 기관·기업소·단체와 연결되는 체제를 구축했으나 개정된 나선 경제무역지대법에서는 북한 기관·기업소·단체가 직접, 그리고 독립적으로 특구 건설에 참여할 수 있는 길을 열어주었다. 또한 외국 노동력의 채용이 관리 인력, 특수 직종 근로자와 기능공 등에 한정된 개성공업지구법과는 달리, 나선 경제무역지대법은 여러 직종에서 외국 노동력을 채용할 수 있도록 했다. 즉, 나선 경제무역지대법이 개성공업지구법보다 노동력 채용 측면에서 자율성이 신장된 것이다. 또한 투자 재산의 몰수 및 국유화에 대해 사회 공공의 이익과 관련해 부득이할 경우, "사전에 통지하고, 해당한 법적 절차를 거치며, 차별 없이, 그 가치를 제때에, 충분하고, 효과 있게 보상한다"(제7조)라고 명시함으로써 그 기준과 절차를 명확히 했다.

이 밖에도 ① 하부구조 및 공공시설 건설에 특별 허가 방식에 의한 개발(제46조), ② 법규의 엄격한 준수와 집행, 관리위원회와 기업의 독자성 보장, 무역과 투자 활동에 대한 특혜, 경제 발전의 객관적 법칙과 시장 원리의 준수, 국제관례의 참조 등 한층 진전된 지대 관리 원칙의 신설(제23조), ③ 비용 부담 규정이 없는 건물, 부착물의 철거와 이설(제20조), ④ 지대 보험회사의 설립과 보험 가입의 자율성 진전(제63조) 등 여러 가지 측면에서 나선 경제무역지대법은 개성공업지구법보다 외국인 투자가에 유리한 법규들을 도입했다.[15]

북한은 지난 2013년 4월 1일 최고인민회의에서 경제개발구 창설을 위한 사업을 추진하기로 결정한 데 이어 같은 해 5월 29일, 최고인민회의 상임위원회 정령을 통해 경제개발구법을 채택·발표했다. 조선중앙통신은 6월 5일, "국가가 특별히 정한 법규에 따라 경제활동에 특혜가 보장되는 특수 경제 지대"로서 "다른 나라의 법인, 개인과 경제조직, 해외 동포는 경제개발구에 투자할 수 있으며 기업, 지사, 사무소 같은 것

---

15 더욱 자세한 내용은 배종렬, 「최근 개정된 북방특구 법제의 개혁·개방성」, ≪수은북한경제≫, 2012년 봄 호, 69~74쪽 참조.

〈표 2-4〉 나선 및 황금평 특구법(2011.12)의 주요 내용

	개성공업지구법 (2003)	나선 경제무역지대법		황금평·위화도 경제지대법 (2011)
		6차 개정(2010)	7차 개정(2011)	
토지이용권과 건물 소유권의 양도 허용			경제 지대에서 기업은 유효기간 안에 토지리용권과 건물 소유권을 매매, 교환, 증여, 상속의 방법으로 양도하거나 임대, 저당할 수 있다(제19조).	라선 경제무역지대법(2011)과 동일(제20조)
기업 활동의 자유 보장	[기업 활동] 기업을 창설하거나 지사, 영업소, 사무소 같은 것을 설치하고 경제활동을 자유롭게 할 수 있다(제3조).	[기업 활동] 기업 관리와 경영 방법의 자유로운 선택권 인정(제4조), 국가는 투자자의 투자 자본, 소득, 부여된 권리를 보호(제5조)	[기업 활동] 투자자의 회사 설립, 경제활동 자유 보장, 국가는 투자자에게 특혜적인 경제활동 조건을 보장(제5조)	[기업 활동] 라선 경제무역지대법(2011)과 동일(제5조)
	중앙공업지구 지도 기관은 공업지구의 관리 운영과 관련해 제기되는 문제를 해당 기관과 정상적으로 협의하여야 한다(제23조).		[기업의 권리] 기업은 규약에 따라 경영 및 관리 질서와 생산 계획, 판매 계획, 재정 계획을 세울 권리, 근로자 채용 및 노임 기준과 지불 형식, 생산물의 가격, 이윤의 분배 방안을 독자적으로 결정할 권리를 가진다. 기업의 경영 활동에 대한 비법적인 간섭은 할 수 없으며 법규에 정해지지 않은 비용을 징수하거나 의무를 지울 수 없다(제40조).	[기업의 권리] 라선 경제무역지대법(2011)과 동일(제34조)

을 설립하고 경제활동을 자유롭게 할 수 있으며", "국가는 투자가에게 토지이용, 노력 채용, 세금 납부 같은 분야에서 특혜적인 경제활동 조건을 보장"한다고 밝혔다.

조선중앙통신은 또 "경제개발구에서 투자가에게 부여된 권리, 투자 재산과 합법적인 소득은 법적 보호를 받는다"고 언급, 경제개발구가 외국인의 경제활동을 보장하는 특별 구역임을 분명히 했다. 아울러 "경제 개발구에는 공업 개발구, 농업 개발구, 관광 개발구, 수출 가공구, 첨단 기술 개발구 같은 경제 및 과학기술 분야의 개발구들이 속한다"고 밝혀 분야별로 특화된 경제개발구들이 세워질 것임을 예고했다.

다만 이 법은 나선 경제무역지대와 황금평·위화도 경제지대, 개성 공업지구와 금강산 국제 관광특구에는 적용되지 않는다. 조선중앙통신은 "국가는 경제개발구를 관리 소속에 따라 지방급 경제개발구와 중앙급 경제개발구로 구분하여 관리하도록 한다"며 지방 각지에 경제개발구들이 건설될 것임을 시사했다.[16]

5. 결론

한국을 비롯한 국제사회의 다양한 다자·양자 간 경제제재 레짐은 북한의 대외 무역, 외국인 투자 유치, 국제사회로부터의 원조 수혜 등에

---

16 ≪연합뉴스≫, 2013년 6월 5일 자.

대한 상당한 제약 요인으로 작용하고 있다. 북한은 이러한 경제제재로 인한 피해를, 중국과의 경협 확대를 통해 상쇄하려 하고 있다. 특히 남북 관계가 경색 국면에 접어들고 한국으로부터 경제제재까지 받게 되는 한편, 중국의 대북 정책이 관여 정책으로 전환한 2000년대 후반 이후 중국과의 경협 확대를 위한 법제도적 기반 확충에 적극 나서고 있다.

물론 외국인 투자 유치를 위한 북한의 법제도적 장치 확충은 외국인 투자가 입장에서 보면 아직도 미흡한 부분이 적지 않다. 더욱이 법제도가 외국인 투자 유치의 충분조건은 아니다. 그럼에도 2000년대 후반 이후 중국과의 경협 확대를 위한 법제도적 기반 확충 노력은 중국의 대북 투자 등 경제협력에 긍정적인 영향을 미칠 가능성이 크다.

그런데 중국의 대북 투자 확대와 북·중 양자 간 경제협력 강화는 긍정적 측면과 부정적 측면을 모두 가지고 있다. 중국의 투자로 나진·선봉, 신의주를 중심으로 한 북·중 접경 지역의 교통 인프라와 산업 시설이 개선되면 이들 지역의 개발 잠재력은 크게 증가할 것이다. 또한 중국과의 공동관리 형태로 나진·선봉, 신의주 지역이 개발될 경우 북·중 간의 경제협력은 북한 경제 회복과 시장화를 촉진하는 긍정적 변화에 기여할 수도 있다.

그러나 북한의 대외 관계가 악화되고 국제사회의 대북 제재가 심화되고 있는 가운데 진행되고 있는 북한 외자 유치의 대중국 편중 현상은 부정적인 측면이 크다. 예컨대 북·중 경협은 북한의 자체적인 경제개발을 저해하는 동시에 한국의 사업 기회 축소를 초래할 것이다. 그러나 가장 주목해야 할 것은 북·중 경협이 단순히 경제적 현상에 그치지 않고 정치적 · 국제 관계적 함의를 가진다는 점이다. 즉, 한반도에서 중국의 영향력 확대를 초래하고, 이에 따라 한국 주도의 한반도 통일 구상이 순조롭게 진행되지 않을 가능성이 있다는 것이다.

참고문헌

1. 국내 문헌

1) 단행본

미무라 미쓰히로(三村光弘). 2005.『일본의 대북한 경제제재의 경제적 효과 분석』. 대외경제정책연구원.

이재호·김상기. 2011.『UN 대북 경제제재의 효과 분석: 결의안 1874호를 중심으로』. 한국개발연구원.

임강택. 2013.『대북 경제제재에 대한 북한의 반응과 대북 정책에의 함의』. 통일연구원.

2) 논문

김중호. 2012.「대북 경제제재의 효과와 대북 정책 시사점」. ≪수은북한경제≫, 2012년 여름 호.

배종렬. 2012.「최근 개정된 북방특구 법제의 개혁·개방성」. ≪수은북한경제≫, 2012년 봄 호, 69~74쪽.

신현윤. 2012.「최근 북한 외국인 투자관계법 개정의 과제와 전망」. ≪저스티스≫, 통권 131호, 276~277쪽.

양문수. 2008.「미국의 대북 경제제재 해제 과정과 해제의 경제적 효과」. ≪북한연구학회보≫, 12권 2호, 211~241쪽.

이규창. 2013.「김정일 사망 전후의 북한 법제정비 의미와 특징」. 통일연구원 (2012.3.6).

이석. 2010.「대북 경제제재와 북한 무역: 2000년대 일본 대북 제재의 영향력 추정」. ≪한국개발연구≫, 32권 2호, 93~143쪽.

장형수. 2013.「대북경제제재: 현황과 전망」. ≪KDI 북한경제리뷰≫, 2013년 3월 호, 27~51쪽.

3) 기타

≪연합뉴스≫. 2013.6.5.

2. 북한 문헌

1) 논문

김경일. 2007. 「우리 나라에 대한 미제의 경제제재 및 봉쇄 책동의 악랄성과 그 침
    략적 성격」. ≪경제연구≫, 2007년 1호, 49~51쪽.

김철. 2008. 「우리 나라에 대한 일본 반동들의 범죄적인 경제적 제재 책동」. ≪경
    제연구≫, 2008년 2호, 54~55쪽.

3. 외국 문헌

1) 논문

Nanto, Dick K. and Emma Chanlett-Avery. 2007. "The North Korean
    Economy: Overview and Policy Analysis." CRS Report for Congress.

Rennack, Dianne E. 2007. "North Korea: Economic Sanctions." CRS Report
    for Congress.

제3장

중국의 노동법제 개혁과 글로벌 거버넌스에 대한 북한의 시각과 대응

윤대규 · 민경배

1. 들어가며

사회주의 국가들의 체제전환과 함께 가속화된 세계화의 참여로 신자유주의 확대와 노동시장 규제 완화 및 이를 위한 법제도적 개혁과 구축은 이미 법치주의, 민주주의, 시장경제, 인권 등을 기본 원칙으로 삼고 있는 글로벌 거버넌스[1]의 협력과 지원을 위한 기준으로 인식되고 있다. 이러한 변화 속에서 자유주의적 사회주의 체제전환국들과 시장경제체제로의 전환에 주목한 사회주의 체제전환국들은 기본적으로 다른 양상

---

[1] 1980년대 말부터 시작된 사회주의 체제전환 이후 글로벌 차원에서 새로운 질서 변화와 도전에 대응해 생겨난 용어인 '글로벌 거버넌스'라는 개념은 아직 공인된 정의가 없다. 다양한 의미를 포괄하고 있지만 종합해보면, 세계적 범위에서 '구체적인 문제의 해결을 위해 (개별국의) 정부, 국제기구, 비정부기구 등이 함께 참여하는 협력적 기제'로 이해할 수 있다[정은숙, 『글로벌 거버넌스와 국제안보: 이슈와 행위자』(한울, 2012), 15~16쪽].

을 보였다. 시장경제체제로의 체제전환만을 이행한 사회주의 체제전환국들은 공산당 독재라는 근본적인 정치체제를 여전히 고수하고 있다. 그러면서도 이들은 노동시장과 노동법제에서 전례 없는 커다란 변화를 견인해 이를 시장경제체제 전환의 목표에 기여하는 수단으로 활용하고 있다. 이러한 체제전환국들 가운데 노동법제 변화에 대한 북한의 시각과 대응의 대상으로서 단연 주목받을 수밖에 없는 나라가 바로 중국이다. 이는 무엇보다도 중국이 공산당의 영도 원칙을 유지하면서도 비교적 성공적으로 계획경제에서 중국 특유의 '사회주의 시장경제'로 체제전환을 진행해왔으며 그 과정에서 안정적인 사회경제적 비용을 지불했기 때문이다.[2]

중국은 정치체제의 기본적인 변화 없이 오로지 경제체제에 대한 점진적인 전환만을 단행했던 전형적인 사회주의 체제전환국이다. 특히 1978년 12월에 개최된 제11차 3중전회의(중국공산당 중앙위원회 3차전체회의)를 통해 개혁 개방정책을 표방하면서 점진적으로 시장경제 요소를 도입했다. 이와 동시에 이를 제도화하기 위한 법제를 꾸준히 구축하면서 계획경제의 체제전환이 시작되었다.

시장경제체제를 도입하기 위한 법제 구축과 개혁 과정에서 시장경제 법제화에 대한 경험이 사실상 전혀 없다시피 한 중국의 입장에서는 글로벌 거버넌스 차원의 지원이 불가피했다. 시장경제체제로의 이행은

---

2 또 다른 이유로 북·중 간의 밀접한 지리적·정치적·경제적 상호 관계를 바탕으로 북한은 중국의 체제전환 경험, 경제 지원, 기술 인력 등의 활용을 통해 경제체제 전환과 그에 상응하는 노동법제 개혁에 대한 불안감을 상당 부분 해소할 수 있을 것이라는 점이 있다.

노동환경과 조건의 변화를 요구한다. 그렇기 때문에 계획경제체제에서 시행되었던 완전고용과 저임금정책은 더 이상 유지될 수가 없었다. 이는 기존 노동시장과 사회주의 노동법제의 개혁을 견인하는 결과로 나타나게 되었는데 이 과정에서 글로벌 거버넌스 차원의 지원과 협력이 있었다.

이 연구의 목적은 글로벌 거버넌스 체제에서 진행되었던 초기 중국 노동법제의 개혁에 대해 여전히 계획경제를 고수하려는 북한이 어떻게 평가하고 대응해오고 있는지를 탐구하는 것이다. 북한 체제전환에는 다른 법 영역과 마찬가지로 노동법 부문을 개혁하는 작업이 필수적인 전제 조건이며, 이와 관련한 글로벌 거버넌스 수준의 협력과 지원에 대한 북한의 시각과 대응을 파악하는 연구는 직접적인 이해 당사자인 우리의 입장에서 불가피한 사항이기 때문이다.

그래서 이 장에서는 먼저 글로벌 거버넌스 차원에서, 계획경제에서 시장경제로의 체제전환 과정에서 이루어진 초기 중국의 노동법제 개혁을 위한 국제 협력에 대해 살펴보고 그에 따른 노동법제 개혁 내용을 간략하게 살펴본다.

이어 글로벌 거버넌스 차원에서 채택한 이러한 중국의 노동법제 개혁 내용에 대해 북한은 어떤 시각을 가지고 대응해오고 있는지 북한의 현행 노동법제를 통해 중점적으로 검토한다.

2. 중국 노동법제 개혁을 위한 글로벌 거버넌스와 개혁 내용

1) 노동법제 개혁에 대한 글로벌 거버넌스

중국은 시장경제체제로의 전환을 통해 세계시장에 적극적으로 편입해 자국 경제의 활성화를 도모할 목적으로 외국인 투자를 유인할 수 있는 법제도적 환경을 꾸준히 구축해왔다. 이러한 법제 개혁 과정에서 WTO[3]를 중심으로 하는 관련 국제기구에 가입하기 위한 조건을 충족시키기 위해 글로벌 거버넌스 차원에서 노동법제 개혁을 진행해야 하는 것은 불가피했다. 왜냐하면 기본적으로 계획경제에서 시장경제로 이행하는 경제체제 전환을 단행해야 했던 체제전환국들의 노동법제 개혁은 외부의 협력과 지원이 불가피했고, 법치주의, 민주주의, 시장경제, 인권 보장 등을 기본 원칙으로 내세우는 글로벌 거버넌스 차원에서 국제기구와 개별 국가들의 법제 협력과 지원은 시장경제 질서의 정착이라는 목표에 맞춰 진행되어야 했기 때문이다.

노동 부문의 변화를 직접적으로 견인하는 사회주의 체제전환국의 해당 법제는 물론, 경제성장이나 포괄적 복지국가 등 노동 부문에 간접적인 연관성을 지닌 법제에 대한 글로벌 거버넌스 차원의 협력과 지원도

---

3 중국은 WTO의 전신인 GATT 복귀를 신청한 1986년 이후 15년이 지난 2002년 1월 전인대(전국인민대표대회)의 비준을 거쳐 정식 회원국이 되었다. 이는 중국이 자유무역과 공정 무역을 기본이념으로 하는 WTO 규범 안으로 들어오기 위해 이미 오래전부터 글로벌 거버넌스 차원에서 노동법제 개혁을 꾸준히 진행해왔음을 의미한다.

함께 간략하게 검토해본다.

중국은 세계은행으로부터 1994년 승인되어 2005년 완료한 '경제법 개혁(Economic Law Reform)'에 대한 지원을 받았다.[4] 세계은행의 이러한 프로젝트는 중국에서 처음으로 실시된 종합적인 법률 지원으로서 새로운 입법 또는 기존 법률의 개정을 위한 지원이었으며 경제 관련 핵심 법안의 준비에 초점이 맞춰져 있었다.[5]

시장경제에 적합한 법률 체계 개발을 목표로 한 아시아개발은행의 기술 지원 프로젝트에 따라 중국 전국인민대표대회 법제위원회가 사회보장법 등 경제법 개발에 착수하도록 기술원조(TA 3279)[6] 프로그램이 실시되었다.[7] 또한 중국 국영기업의 재정 효율과 기업 지배 구조 개선을 위한 기술 지원(TAR: PRC 32132)[8]에서 적절한 성과급 제도를 통해 평가 결과와 연관된 효율적인 제도를 고안하도록 했다.

글로벌 거버넌스 차원에서 중국 노동법제 개혁에 대한 양자 간 지원

4 이 프로젝트는 중국이 세계화에 따른 전 세계적인 변화에 발 빠른 대처를 하기위해 1995년 채택한 '사회주의 시장경제' 체제 구축을 지원하기 위한 것이었다.

5 World Bank, *Economic Law Reform Project, People's Republic of China*, Implementation Completion Report(2005), pp.5, 14, 20~22; 윤대규, 『법 제도 개혁을 위한 국제금융 기구의 지원에 관한 연구』(한국법제연구원, 2006), 27~28쪽.

6 *ADB News from PRC*, Issue 7, June 2004(ADB, Resident Mission in the PRC); ADB, *Law and Policy Reform at the Asian Development Bank*, 2003 Edition(Manila: Asian Development Bank, 2004), p.10; 윤대규, 『법 제도 개혁을 위한 국제금융 기구의 지원에 관한 연구』, 55쪽.

7 이에 필요한 자금(140만 달러)은 일본특별기금(Japan Special Fund: JSF)이 지원했다.

8 ADB, *Technical Assistance to the People's Republic of China for Improving Corporate Governance and Financial Performance of State-owned Enterprises*(Manila: Asian Development Bank, 2002), pp.3~8, 11.

에서는 독일 사례가 단연 주목할 만하다. 중국을 대상으로 하는 독일의 법제 지원 프로젝트는 '종합적인 프로그램(comprehensive programme)'의 유명 사례로 평가되고 있다.[9] 특히 다양한 거버넌스 관련 기술협력 프로젝트 수행을 전담하는 개발 기구인 '기술협력회사(Gesellschaft für Technische Zusammenarbeit: GTZ)'는 1994년 이래로 노동법, 사회법, 행정법 등 다양한 범주의 법제 및 개발 프로젝트에 활발히 참여해왔다. 실제로 2000년 6월 중국과 독일은 법률 및 사법 개혁에서 독일의 개발 협력 기초를 확립하는 양자 간 법제 협력 지원인 '법률 부문의 협력 및 교환에 관한 중·독 협정(Chinese-German Agreement on Exchange and Cooperation in the Legal Field)'을 체결했다.[10] 이 협정에 따라 독일의 대중국 법제 지원 프로젝트는 시장경제에 도움이 될 법률 및 사법 개혁 역량 및 제도 마련을 지원한다는 주요한 목표에 따라 진행되었다. 지원 사업에는 노동법, 군인사회보장법, 사회보장법과 같은 노동법제 개혁에 대한 기술 지원도 포함되었다. 1978년 이래 시작된 중국의 경제개혁으로 많은 노동자들이 사회주의 계획경제하에서 누려왔던 종신 고용, 사회보장 혜택과 같은 특권들을 포기하는 상황에 처하게 되었다. 이런 사회적 변화와 충격에 한층 효과적으로 대처할, 새로운 사회보장 및 고용 체계를 확립할 수 있는 노동법제의 개혁을 위해 1994년부터 2003년까지 '(중국) 노동·사회보장부에 대한 중국-독일 협력(Sino-German Cooperation

---

9 Christina Popović, *Legal and Judicial Reform in German Development Cooperation*(Bonn: BMZ, 2002), p.13.

10 같은 책.

at Ministry of Labor and Social Security)' 프로젝트가 수행되었다. 이를 통한 중국의 고용과 사용 보장 체계 개선을 위해 독일은 중국 국무원 산하 '노동·사회보장부(勞動社會保障部)'를 도와 새로운 노동 및 사회보장 관련 법률 초안을 마련함으로써 중국 정부가 빈부 간의 불평등 및 노사 분쟁 문제에 법제적 대응을 할 수 있도록 지원했다.

2) 노동법제의 개혁 내용

중국의 노동법제가 계획경제에서 시장경제로 이행되면서 노동 체제는 거대한 변화를 겪었고, 이는 노동시장의 활성화를 견인했다. 우선 계획경제체제에서의 평생 고용이 '사회주의 시장경제체제'[11]의 도입에 따른 계약 기반 고용으로 바뀌게 된 것을 가장 중요한 체제적 전환의 핵심으로 평가할 수 있다. 노동정책의 입안은 여전히 국가가 독점하고 있었지만, 노사 관계에 대한 행정적 개입은 자연히 감소되면서 법에 따라 노사 관계가 규제되는 결과로 나타나게 되었다. 이는 노동정책이 당의 결정에 의해서가 아니라 법제화를 통해 확정된다는 의미이다.

중국에서 노동법제 개혁은 1978년 12월에 제정된 새로운 공산당의 정치 노선[12]에 의해 전면적으로 착수되었다. 경제적 대내 개혁과 대외

---

11 대부분의 자본주의 국가들의 시장경제 운영이 재산의 사유제를 중심으로 사유재산 확대에 초점을 맞추고 있는 것과 달리 '사회주의 시장경제'는 (국유와 집단 소유를 포괄하는) 공유제(公有制)를 위주로 하면서 사유재산의 증가와 분배를 일정한 수준으로 제한하려는 기본적 특징을 지니고 있다[권선주, 『현대중국경제의 이해』(대명출판사, 2011), 26~27쪽].

개방의 발전 과정에 맞춰 수십 년에 걸쳐 진행된 노동법제 개혁은 초기에는 계획경제체제에서 나타나는 경제적 비효율성을 제거하고 활발한 외자 유치를 통한 시장경제 활성화를 위한 방향에 초점을 맞춰 추진되었다. 그러나 외자 유치에서 충분한 성과를 거둔 후 중국은 근로자 보호를 위한 방향으로 변화했다고 평가할 수 있다. 자본주의적 노동법제 내용에 근접해가고 있는 중국의 1995년 '노동법'과 2007년 '노동계약법' 등의 제정을 통해 본격적인 노동법제 개혁이 추진되었다. 계획경제체제에서 시장경제체제로의 이행 과정을 통해 진행되었던 중국 노동법제 개혁이 어떤 제도적 변화를 견인하게 되었는지, 아래 몇 가지 주요 내용을 제시해 이를 북한의 시각과 대응의 대상으로 삼고자 한다.

첫째, 근로계약제를 도입하고 고용 형태를 다양화했다는 점이다. 중국은 최초로 근로계약에 관한 전문 규정을 도입한 단일 노동법을 1994년 제정해 실시했다. 이로써 계획경제체제의 직장 배치 제도를 탈피한 계약 제도를 기초로 삼은 고용 방식이 수용된 노동법제가 시작되었다. 다만 근로계약제가 전면적으로 시행되었지만, 계약직, 임시직 등과 같은 다양한 고용 형태도 제도적으로 허용되었다. 과거 계획경제체제하에서 실행된 노사 관계의 전면적인 변화에 주안점을 두었던 노동법의 개혁은, 그 후 제도의 실행 과정에서 경제구조 조정, 고용 형식의 다양화 및 노사 관계 변화에 따른 법제와 현실 간의 괴리가 나타나면서 법제 개선

---

12 중국공산당의 정치 노선에 대해서는 민경배, 「개혁 개방에 따른 중국 인권법제의 변화와 북한에 대한 시사점」, 북한 인권연구센터 엮음, 『북한 인권 이해의 새로운 지평』(통일연구원, 2012), 365~367쪽 참조.

이 불가피하게 되었다. 이에 중국은 노동계약 체결 비율의 증가와 근로계약 단기화에 따른 문제점을 개선하려는 목적으로 노동자의 권익 보호와 취업 안정성을 촉진하는 데 초점을 맞춘 노동계약법을 2007년 제정했다. 노동보호의 강화에 무게를 두었던 동법 규정에 따라 증가하는 노동비용 때문에 대규모 국유 기업 및 대다수 기업들이 계약 기반 노동보다 파견 근로를 선호하는 현상이 나타나게 되었다. 원천적으로 노동계약법에는 임시·보조·대체 업무에 파견 근로가 허용되어 있었다. 규정된 유형이 아닌 업무에 파견 근로를 사용하는 경우가 만연해지면서, 파견 근로 운영에 대한 정부의 강력한 규제가 요구되었다. 이러한 제도적 전환에 의한 현장의 당위적 변화는 2012년 말 중국 현행 노동계약법을 개정하도록 했다. 이는 계획경제체제에 익숙했던 중국 당국의 시행착오에 대한 법제적 반성의 결과로 판단된다.[13]

둘째, 근로자의 해고를 제도적으로 확립한 점이다. 중국은 개혁 개방과정에서 계획경제체제하의 고정 고용 제도를 극복하기 위해 대규모 고용조정을 진행할 수 있는 해고를 제도적으로 도입했다. 이는 노동계약제 도입과 1994년 노동법 제정에 의해 계획경제체제하의 종신 고용의 폐해를 법제도적으로 해결하는 결과로 나타났다. 즉, 중국 노동법에는 정년퇴직과 같은 일반적 해고[14]와 징계해고 외에 정리 해고를 채택하고

---

13 민경배, 「중국의 노동법제 발전을 통해 본 북한의 노동법제 변화 전망」, ≪통일정책연구≫, 19권 1호(2010), 192~193쪽.

14 중국 노동법은 과잉 노동력에 대한 고용조정을 위해 일정한 사유를 근거로 정리 해고를 할 수 있도록 허용하고 있다. 이때 당연히 예고기간과 형식에 대한 조건이 있다. 사용자가 파산에 직면해 법정 정리 기간 중에 있거나, 생산·경영 상황으로 인해 심각한 곤란에

있으며, 경제적·경영상의 원인에 의한 해고와 일시해고를 인정하고 있다. 정리 해고의 요건은 2007년 노동계약법에서 한층 구체화되어 네 가지의 구체적이고 제한적인 사례[15]를 제시하고 있다. 다만 중국 노동계약법 제41조는 장기 고정 기한 노동계약을 체결해온 자, 기간의 정함이 없는 노동계약을 체결한 자, 가족 내 다른 구성원 중 취업자가 없고 노인이나 미성년자를 부양해야 하는 자를 정리 해고 대상에서 제외하도록 규정하고 있다.

계획경제체제에 벗어난 사회주의 시장경제체제에서도 중국 노동법제는 사용자의 근로자 해고권을 상당히 제한하고 있다. 하지만 평생 고용제가 폐지되고 사용자의 경제적 이유에 의한 해고를 허용해 계획경제체제에서 전혀 경험하지 못했던 변화를 겪고 있다. 노동법제의 개혁이 근로자의 고용 안전을 크게 위협하는 상황으로 작용하면서 사용자의 단기 근로계약제 악용을 효과적으로 제한하지 못하고 있다는 비판으로부터 자유롭지 못하다.[16]

셋째, 다양한 형태의 근로조건을 수용했다는 점이다. 1978년 12월 이후 중국의 계획경제체제에서 실시되었던 근로자의 근로조건은 당연히 사회주의 시장경제체제에 맞춰진 법제도적 전환에 따라 다양한 형태의

처하게 되는 경우가 정리 해고의 사유에 해당된다.

15 기업파산법 규정에 의거해 정리절차에 들어간 경우, 심각한 경영난이 발생한 경우, 생산 품목 변경이나 기술혁신 또는 운영 방식 조정으로 노동계약을 변경한 후에도 감원을 해야 하는 경우, 객관적 경제 환경의 중대 변화에 따라 노동계약을 이행할 수 없게 된 경우를 말한다.

16 민경배, 「중국의 노동법제 발전을 통해 본 북한의 노동법제 변화 전망」, 193~194쪽.

분화와 발전을 겪게 된다. 임금제도에서 노동에 상응하는 분배, 즉 '안로분배(按勞分配)' 원칙과 동일 노동에 대해 동일 보수, 즉 '동공동수(同工同酬)' 원칙, 경제 발전에 따른 임금의 점진적 제고 원칙 등은 노동 입법의 기본 원칙으로 여전히 고수되고 있다. 이는 국가가 임금 총액에 대해 거시적 조정(宏觀調控)만을 실시하도록 노동법이 규정[17]하고 있는 데 기인한다. 이 때문에 임금 분배에 대한 국가의 영향력은 계획경제 시기와 달리 자연히 약화될 수밖에 없었다. 다시 말해 국가의 임금관리는 거시적 총액 임금을 관리하는 범위 내에서만 이루어졌고, 반면 기업의 임금 분배에 대한 자주권은 상대적으로 확대되는 양상으로 나타났다. 국가가 근로자의 보호보다는 거시적 임금 조정을 중시하는 이러한 임금 분배에 대한 중국 노동법제 개혁은 근로자의 임금에 대한 결정권을 일방적으로 기업 권리로 인정해버리는 결과로 나타났다. 이는 결국 근로자의 권익 보호에 역행하는 법제 구축이라는 비판에서 자유로울 수 없다고 판단된다.

중국은 노동법제 개혁 과정에서 최저임금과 관련된 법제를 도입해 근로자의 최소한의 권익 보호를 위한 제도적 장치를 마련했다. 즉, 중국은 1984년에 비준한 국제노동기구(International Labour Organization: ILO)의 '최저임금 결정 제도의 설립에 관한 협약'과 1995년부터 시행한 중국 노동법 제48조 규정에 따라 최저임금보장제를 실시해야만 했다.

중국의 표준 노동시간이었던 주 48시간이 1994년 2월부터 44시간으

---

17 중화인민공화국 노동법 제43조 제2항.

로 축소되어 주 4시간이 단축되었고, 나아가 1995년 중국 노동법이 시행되면서 주 5일 근무제가 전격 도입되어 다시 주 4시간이 단축됨으로써 중국의 현행 표준 노동시간은 주 40시간이다. 이는 계획경제체제에서 수면을 제외한 깨어 있는 시간은 근로 또는 학습 시간으로 보내야 했기 때문에 법정 근로시간은 사실상 의미가 없었던 상황에 비하면 엄청난 변화임을 알 수 있다.

중국은 2011년 발효된 '사회보험법'에 따라 근로자를 비롯한 모든 국민들이 기초노령보험, 기초의료보험, 실업보험, 산재보험, 육아보험에 가입하고 향유할 수 있는 권리를 보장하고 있고, 특히 근로자들은 자신의 기초양로보험 계좌를 한 주거지에서 다른 주거지로 이전할 수 있도록 허용되었다. 이에 따라 농촌 호구(戶口)의 근로자, 즉 농민공(農民工)들의 도시 이동이 용이하게 되었고, 이는 시장경제 활성화를 위한 중국의 당연한 법제적 개혁으로 판단된다.[18]

넷째, 기존 노조 일원화는 기본적으로 그대로 유지되고 있다는 점이다. 시장경제로의 체제전환을 전면적으로 이행한 체제전환국들은 일반적으로 자본주의 국가들과 마찬가지로 노동조합이 자유로운 설립을 통해 노동자 권익 보호를 위한 조직으로서 활동할 수 있도록 허용하는 것이 보편적인 노동법제 개혁의 관행이었다. 중국도 체제전환 과정에서 계획경제체제하에 시행되었던 1950년의 노동조합법을 1992년 개정함으로써 노동조합이 노동쟁의 처리에 합법적으로 참가할 수 있는 권한을

---

18 민경배, 「중국의 노동법제 발전을 통해 본 북한의 노동법제 변화 전망」, 195~196쪽.

가지게 되었다. 또한 사회주의 시장경제의 심화와 확대에 대응해 개정된 2001년 노동조합법은 근로자 권익 보호를 위한 노조의 실질적 권한과 기능의 확대를 법제도적으로 확립했다. 그러나 이러한 법제 구축의 목적과는 달리 중국 노동조합 정관이 노동조합을 공산당의 영도 아래 노동자를 단결시키는 연결 고리이자 당의 외부 군중 조직으로 규정함으로써, 법 현실에서는 사회주의 노동조합의 본질적 성격을 탈피하는 것을 스스로 포기하고 있다고 평가할 수밖에 없다. 중국 노동조합법에 따른 상급 노조 조직의 하급 노조 조직에 대한 영도 규정 때문에 중국에서는 여전히 상명하복의 단일 노조 체제만 존재할 뿐이다. 전국 각급의 모든 노동조합들은 중앙 조직인 '중화전국총노동조합(中華全國總工會)'의 영도 아래 놓여 있기 때문이다. 그래서 노동조합의 다원화 가능성을 철저히 차단한 중국의 노동자 권익 보호 체제는 다른 이름의 노동자 조직을 설립할 수도 없을 뿐만 아니라 설령 설립한다 할지라도 그 고유한 권한과 기능을 발휘하기가 사실상 불가능하다. 이처럼 일원화된 중국 노조는 노동자의 이익을 대표하는 일에서 절대적 독점권을 가지고 있지만 여전히 당과 국가로부터의 정치적 독립성에서는 철저히 배제되어 있다는 근원적 한계를 안고 있다.[19]

다섯째, 노동분쟁 해결을 위한 노동중재조정법이 제정되었다는 점이다. 1982년 개정 당시 중국 헌법에는 근로자의 파업과 관련한 조항이 존재하지 않았다. 왜냐하면 근로자 자신이 기업의 주인이라는 논리에 따

---

19 같은 글, 196~197쪽.

라 경영진과의 갈등은 인민 내부 모순의 표출로 간주되어 파업을 통해 문제를 해결해야 할 원인이 원천적으로 존재할 수 없고, 파업은 근로자 자신이 주인인 기업에서 스스로에 대해 반기를 드는 행위가 되기 때문이었다. 이처럼 헌법 차원에서 파업의 자유가 보장되어 있지 않았음에도, 1982년 이후 시장경제로의 체제전환 이행에 따른 민간 기업의 급격한 증가는 다양하고 복잡한 고용조건과 그에 따른 빈번한 노동쟁의를 야기했다. 이전의 계획경제체제에서 전혀 경험하지 못했던 새로운 문제에 직면한 중국 당국은 2007년 노동쟁의조정중재법의 제정을 통해 노동쟁의를 해결하려 시도했다.[20] 시장경제체제로의 이행 과정에서 나타난 이러한 노동분쟁을 해결하기 위한 법제도 구축, 근로자들의 단호한 집단 행위를 저지하기 위한 당국의 강압적 조치, 조정 수단을 활용하는 과정에서 나타나는 근로자의 불만을 무마하려는 무마 노력 등에도, 중국은 많은 건수의 심각한 노동쟁의와 그에 따른 대형 사건을 효율적으로 해결할 수 있는 별다른 방안을 여전히 제시하지 못하고 있다.[21]

중국의 노동법제 개혁은 경제 발전에 크게 기여하는 순기능으로 작용하는 반면, 근로자의 권익 제고에는 일정하게 역기능적 요인으로 작용하고 있음을 확인할 수 있다. 계획경제체제 고수를 천명하면서도 최근 특정 지역의 대외 개방을 통한 변화를 적극적으로 모색하고 있는 북

---

20 1994년 제정된 노동법에 따라 '조정, 중재, 소송'으로 구성된 노동쟁의의 해결을 위한 기본적인 법적 근거가 확립되었지만, 여러 가지 불합리한 제도적 맹점과 급속히 증가하는 노동쟁의 건수로 인해 별다른 효과를 발휘하지 못했다. 이에 2007년 조정의 강화 및 중재의 개선을 목적으로 노동쟁의조정중재법이 제정되었다.

21 민경배, 「중국의 노동법제 발전을 통해 본 북한의 노동법제 변화 전망」, 198쪽.

한이 시장경제 제도의 수용에 따른 중국의 노동법제 개혁에 대해 어떤 시각을 가지고 어떻게 대응하고 있는지를 분석하는 것은, 향후 북한의 체제전환 방향과 내용을 가늠할 수 있는 중요한 연구라 판단된다. 북한이 체제전환을 통해 노동법제를 개혁하려 할 경우 국제 협력이 불가피하기 때문에, 먼저 노동법제를 포함한 체제전환국의 법제 개혁 과정에서 보편적으로 진행되었던 글로벌 거버넌스 차원의 국제 협력과 지원에 대해 북한은 어떤 시각과 반응을 취하고 있는지 파악해본다.

3. 중국 노동법제 개혁과 글로벌 거버넌스에 대한 북한의 시각과 대응

1) 글로벌 거버넌스 차원의 법제 지원에 대한 북한의 시각

북한은 중국과 남한에 의해 이루어져왔던 양자 간 협력과 지원을 제외하면 글로벌 거버넌스 차원에서 국제 협력과 지원을 경험한 적이 사실상 없다. 또한 국제 협력 자체를 바라보는 시각도 대체로 부정적이다.[22] 이러한 시각은 '경제 강국 건설'을 표방하는 북한의 입장에서도 글로벌 거버넌스 차원에서의 국제 협력에 관심을 가질 수밖에 없지만 국

---

22 정광수, 「현대제국주의의 ≪세계화≫의 책동과 그 파산의 불가피성」, ≪경제연구≫, 2006년 3호, 55~56쪽.

제 협력에는 시장경제 행위의 효율성 제고를 극대화할 수 있는 법제 확립, 즉 집단주의에서 탈피한 개인의 독립성, 민주주의의 발전 등과 같은 법치주의가 전제되어야 한다는 사실에서 연유했다. 즉, 북한이 글로벌 차원의 협력과 지원을 수용한다는 것은 결국 시장경제로의 체제전환과 이를 위한 법제 개혁의 실행, 즉 기존 체제를 변화시키거나 포기한다는 의미가 된다. 따라서 북한은 다자간 국제 협력의 주요 행위자인 세계은행, 국제통화기금, 아시아개발은행 등 국제금융 기구가 "제국주의자들과 공모하여 결탁된 세력으로서 다른 나라들의 내정에 간섭하는 것을 합리화하기 위한 도구",[23] "제국주의자들의 금융적 지배와 약탈을 실현하는 도구",[24] "아시아 지역 나라들을 제국주의자들의 금융적 노예의 올가미에 얽매어 놓고 낡은 국제통화 금융 질서를 유지하기 위한 수단"[25]이라는 인식을 견지하고 있다. 미국, 독일, 일본 등 선진 개별 국가들의 양자 간 국제 협력 역시 "착취와 약탈의 수단이자 경제통합의 세계화를 위한 침략적 도구의 하나"[26]라는 시각에서 조금도 벗어나 있지 않다. 이는 글로벌 거버넌스 차원에서 이루어지는 다양한 형태의 국제 협력은 결국 선진국들이 법이라는 수단을 활용해 후진국의 경제적 예속을 가속

---

23 김영명, 「현대자본주의 '민주화론'의 반동성」, ≪김일성종합대학학보: 력사 · 법학≫, 54권 2호(2008), 88쪽.

24 계춘봉, 「국제금융 기구들의 〈지도적역할론〉」, ≪경제연구≫, 2005년 3호, 39쪽.

25 리은경, 「아시아개발은행은 낡은 국제통화금융질서의 산물」, ≪경제연구≫, 2000년 1호, 52쪽.

26 신분진, 「외세 의존하에 민족분렬을 합법화하기 위한 남조선 당국자들의 책동과 그 반동성」, ≪김일성종합대학학보: 력사 · 법학≫, 55권 1호(2009), 95쪽.

화하는 도구라는 북한의 시각에 아직도 변화가 없다는 의미이다. 즉, 국제 협력을 추진해오고 있는 국제기구들이나 선진 개별 국가들이 본질적으로 북한을 포함한 사회주의 국가들의 민주화와 체제전환을 도모하는 전위대와 다름이 없다는 판단을 북한은 공식적으로 고수하고 있다.

북한은 공식적인 차원에서는 국제금융 기구 또는 개별 국가들에 의해 글로벌 거버넌스 차원에서 이루어지고 있는 다자간·양자 간 국제적 경제협력이나 법제 협력에 부정적인 시각을 나타내고 있다. 하지만 대외 경제의 활로를 개척함으로써 당면한 경제 위기를 극복하기 위해 국제 협력의 필요성을 명확하게 인식하고 있다는 상반된 시각도 확인할 수 있다. 이는 "우리는 국제금융 기구에 대한 보다 풍부한 지식을 소유함으로써 대외 경제사업에서의 성과를 담보하는 실무적 자질을 갖추어 나가야 할 것"[27]이라는 주장에서 판단할 수 있다. 그 외에도 북한은 "선진 자본주의 국가들과의 경제 관계가 최근 급격히 확대되고 있는 추세에서 자신의 이익을 한층 더 철저히 보장받기 위해서는 사회주의 법제를 고수하면서 동시에 자본주의 국가들의 법제의 구체적 내용과 특징을 파악하고 있어야"[28] 함을 강조하고 있다. 글로벌 거버넌스의 국제 협력에 대한 북한의 이러한 관심과 주장은 비록 법제도를 연구하는 초보적 단계에 머물러 있지만 이전과는 확연히 다른 주목할 만한 변화이다. 그

---

27 김성호, 「국제금융 기구의 분류와 일반적 특징」, ≪정치법률연구≫, 2006년 2호(루계 14호, 37쪽.
28 리경철, 「대륙법계의 형성과정」, ≪김일성종합대학학보: 력사·법학≫, 54권 1호(2008), 71쪽.

렇다고 북한의 글로벌 거버넌스에 대한 기존의 본질적인 시각이 바뀐 것이라고 판단하기에는 성급하다.

글로벌 차원의 국제 협력의 부정적 기능에 대한 대응으로 북한은 개도국 간의 상호 국제 협력을 강조하면서, 이에 대해 오히려 긍정적인 태도를 보이고 있다. 예컨대 집단주의에서 벗어난 개인의 독립성, 인권 개선, 민주화 등과 같은 글로벌 거버넌스의 의제에서 비교적 자유로운 중국과의 양자 간 협력이 상대적으로 활발하다는 사실에서 이를 확인할 수 있다. 특히 최근 더욱 심화되고 있는 중국과의 양자 간 협력을 통해 북한이 획득하게 될 다양한 경험의 축적은, 향후 글로벌 차원에서 본격적인 국제 협력이 진행될 경우 북한의 수용 능력 강화와 한층 체계적인 법제도적 대응에 소중한 자산으로 활용될 수도 있을 것이다.

이어서 글로벌 거버넌스 차원에서 진행되었던 중국의 노동법제 개혁 내용에 대한 북한의 시각은 계획경제체제하에서 견지하고 있는 현행 사회주의 노동법 내용에서 확인하고자 한다. 나아가 당면한 경제난 해결과 제한된 지역에서의 시장화 실험이라는 목적을 위해 설치된 개성공업지구에서 시행되고 있는 노동법제를 통해 일정한 시장 기능을 수용한 대응을 검토할 것이다.

2) 개혁 노동법제에 대한 북한의 시각

북한은 1978년[29] 제정해 1986년[30]과 1999년[31] 두 차례의 개정을 거친 현행 '사회주의 노동법'을 노동법제의 기본법으로 삼고 있다. 1998년 개

정된 헌법과 경제 관련 법률[32]들은 1995년부터 1997년까지 이어진 '고
난의 행군'을 전후해 자생적으로 정착된 시장 기능을 일정하게 수용해
당면한 경제난 타개를 위한 경제 질서의 중요 부분에 주목했다. 이와 함
께 1999년 사회주의 노동법의 개정 내용, 즉 해고 금지 조항 신설 및 여
성 근로자의 산전산후휴가 연장[33]에서 당시 경제 위기와 함께 나타난
국가의 사회통제 기능의 이완을 극복하려는 입법적 노력 또한 확인된
다. 1990년대 중반부터 한편으로 가동이 제한적이거나 중단된 기업소
가 출현했고, 업무가 마비되거나 위축된 국가기관도 확산되었다. 다른
한편 개인소유권에 기초한 자생적인 시장이 활성화되면서, 비공식적인
노동시장도 형성되었다. 작업이나 업무를 부여받지 못한 기업소와 국
가기관의 구성원들은 생계를 위해 장마당으로 진출하려고 이직을 요구

---

29 자본주의적 요소를 불식해 주체사상과 집단주의적 노동 생활 원칙을 구현하기 위해
  1978년 제정한 노동법은 주요한 두 가지의 입법 의도를 갖고 있었다. 첫째, 개인소유제
  에 기초한 자본주의적 요소를 담고 있어 사회주의 노동 관리 운영에 많은 결함을 안고
  있었던 사회주의 체제 개혁 이전에 제정된 1948년의 '로동자 및 사무원에 대한 로동법
  령'을 비롯한 노동 관련 법령들을 통합하려는 의도였다. 둘째, 계획경제의 실패 속에서
  노동생산성의 제고를 위해 사회적 노동을 계획적으로 조직해 노동 자원을 최대한 효과
  적으로 활용하려는 의도였다(법무부, 『북한법의 체계적 고찰(III): 상사·경제·노동관
  계법』(법무부, 1997), 425~427쪽; 법무부, 『북한법 연구(VI): 노동법』(법무부, 1987),
  60~61쪽].
30 전문은 구수회 엮음, 『북한법 연구법전』(행법사, 1996), 284~292쪽.
31 전문은 장명봉 엮음, 『최신 북한법령집』(북한법연구회, 2011), 985~990쪽.
32 이에 대해서는 윤대규 엮음, 『북한의 체제전환과 법제도』(한울, 2008), 33~73쪽, 135~172쪽
  참조.
33 1999년 개정에서 제34조 제2항에 "국가 기관, 기업소는 일시적으로 로력이 남는다고
  하여 로동자를 마음대로 제적할 수 없다"고 신설하고, 제66조 "여성 근로자의 산전 35일,
  산후 42일"을 "산전 60일, 산후 90일"로 연장했다.

하기에 이르렀다. 이러한 사회적 변화에 따라 북한 당국은 근로자에 대한 통제와 검열이 거의 불가능한 상황에 직면했다. 1999년 사회주의 노동법 제34조 제2항의 해고 금지 조항 신설은 시장의 활성화를 차단하고 근로자의 재직 복귀를 강제함으로써 직장 통제를 강화하려는 입법 취지에 따른 결과였다.

여성 근로자의 산전산후휴가 연장에 대한 제66조의 개정은 두 가지의 입법적 의도를 지니고 있는 것으로 평가할 수 있다.[34] 1990년대 전반까지 지속된 강력한 출산 억제 정책, 배급 체계 붕괴에 따른 여성의 가계 유지 역할 증대로 출산 기피 현상이 확산되었다. 또한 유아사망률도 점차적으로 증가했다. 이처럼 둔화된 인구 증가율에 따라 향후 야기될 건설 인력과 군인 가용 자원 부족을 해결하기 위해 출산을 적극적으로 장려하려는 것이 우선적 입법 의도였다.[35] 또 다른 입법적 의도는 장기간의 산전산후휴가를 통해 기존의 여성 잉여 인력을 신진 여성 인력으로 대체하는 것이었다.

노동법의 이러한 변화에도 북한은 전통 사회주의 노동법제의 원칙들을 여전히 유지하고 있다. 북한 주장에 따르면 사회주의 노동법은 새로운 사회주의 제도에 상응하는 새로운 노동 질서의 재편을 법제화한 것이다. 즉, 조직화된 집단적 근로관계의 옹호와 보호에 중점을 두면서 근

---

[34] 여성 근로자의 산전산후휴가 연장에 대한 입법적 의도는 여러 차례에 걸친 탈북자들과의 면담을 통해 확인했다.

[35] 1990년대 후반 이후 북한의 인구 증가율 추이와 여성 근로자의 산전산후휴가에 대해서는 김두섭 외, 『북한 인구와 인구센서스』(통계청, 2011), 255~260쪽 참조.

로자의 주체 의식을 무장시키고 집단주의적 노동 생활의 원칙을 철저히 실현하는 규범적 무기로 인식하고 있다.[36]

북한은 자신의 노동법이 자본주의 국가는 물론 중국을 포함한 여타 사회주의 국가 노동법과도 차별성을 지닌 "우리식의 독특한 사회주의 노동법 구성 체계"라고 주장하며 세 가지 특징을 제시하고 있다.

첫째, 북한은 근로계약, 단체협약, 노동쟁의 등 사적 소유에 기초하고 착취적인 고용 노동이 존재하는 낡은 노동법제 형식을 폐지했다는 것이다.

둘째, 다른 사회주의 국가의 노동법은 계약 제도, 노동시간, 임금, 사회보험 등과 같은 법 실무적인 문제를 해결하기 위한 체계이지만, 북한은 노동 생활 위주, 즉 자주적이고 창조적인 노동 생활 보장의 체계라는 것이다.

셋째, 다른 사회주의 국가에서는 사회주의혁명을 통해 성취한 성과들을 법제화한 규범과 제도가 보편적인 노동법 체계이지만, 북한은 노동문제의 종국적 해결을 위한 원칙과 과업까지도 법제화한 규범과 제도의 체계라는 것이다.[37]

사회주의 노동법의 우월성에 대한 북한의 이러한 주장을 통해, 글로벌 거버넌스 차원에서 진행된 중국의 노동법제 개혁에 대한 북한의 부정적 시각이 확인된다. 이는 "시장경제에 기초한 낡고 착취적인 고용 노

---

36 이철수, 「북한의 노동법제의 주요 내용과 그 의미」, 《산업관계연구》, 14권 1호(2004), 120쪽.

37 김명옥, 「우리 나라 사회주의 로동법 구성 체계의 특징」, 《김일성종합대학학보: 력사 · 법학》, 47권 3호(2001), 52~56쪽.

동 제도의 재구축과 근로자의 주인 의식과 지위를 박탈해 근로자의 자주적이고 창조적인 노동 생활 보장을 파괴하는 법제도적 퇴행"이라는 인식에서 충분히 추정할 수 있다.

(1) 노동력 파견의 법제화

북한에서는 1956년 이래 국가 노동행정기관에게 노동력을 파견할 수 있는 권한을 부여함에 따라 근로계약제가 폐지되었다.[38] 노동력 배치는 신청에 의한 파견 형식으로 이루어지게 된다. 직업을 희망하는 사람은 제도상으로는 해당 노동행정기관에 자신이 원하는 직업을 요구할 수 있다. 기관, 기업소, 협동단체들은 정부의 노동행정기관이 배치하는 인력의 채용을 정당한 이유 없이 거부할 경우 법적 제재를 받게 된다. 노동행정기관은 단순한 노동력 파견을 통한 직업 알선 또는 직업 소개의 권한뿐 아니라 일상적으로 기관, 기업소, 협동단체와 노동력에 대한 관리를 감독하고 통제하는 권한도 가지게 된다. 취업이 결정되면 개별 근로자는 기관 또는 기업소 소속의 근로자로 등록되면서 양 당사자 간에는 구체적인 노동 법률관계가 성립하게 된다. 근로자는 기관, 기업소, 협동단체에서 정해진 작업 질서와 내부 규율을 준수하면서 부여된 업무를 수행해야 할 근로의무를 부담하게 된다. 이에 상응해 기관, 기업소, 협동단체는 근로자에게 생활비를 지급하고 근로조건과 생활 조건을 보장하는 의무를 지게 된다. 그러나 이러한 쌍무적 권리 의무 관계는 국가의

---

38 같은 글, 53쪽.

노동법제에 바탕을 둔 권리 의무 관계로서 동지적 · 협조적 관계로 이해되고 있다.

특히 북한은 헌법 제83조 제1항 "공민의 신성한 노동의무"와 노동법 제4조 제1항 "공민의 노동 참가 의무"를 통해 노동의무에 대해 법률적으로 규제하고 있다. 사회주의 사회에서 "로동에 참가하지 않고 놀고먹으려는 것은 사회주의 본성과 근본적으로 배치되며 절대로 허용될 수 없다"[39]면서 국민의 노동의무가 법률을 통해 제도화되었다는 것이다. 이러한 노동의무 제도[40]는 평생 고용의 제도적 장치가 아니다. 오히려 노동력 규모의 확대, 노동력의 효율적인 동원과 관리, 노동 통제 등을 통해 강제할 수 있는 강력한 수단으로 기능할 수 있다. 나아가 직업선택의 자유(헌법 제70조, 노동법 제5조 제3항)가 제한되는 제도적 근거로 작용할 여지도 크다.

(2) 엄격한 해고제한과 실업 배제

북한 사회주의 노동법에는 국가기관 또는 기업소가 일시적인 잉여 노동력이 있다는 이유로 임의로 근로자를 해고하는 것을 금지하고 있다.[41] 불가피한 사정으로 노동력이 일시적으로 남는 때에는 다른 공장,

---

39 김춘심, 「사회주의 로동법에서 로동의무에 대한 법적 규제의 중요성」, ≪정치법률연구≫, 2007년 4호(루계 20호), 28쪽.

40 '노동의무 제도'는 "로동능력 있는 모든 공민들이 로동을 사랑하고 로동에 성실히 참가할 데 대한 공민의 책임, 국가적인 요구를 법화한 제도"로 정의되고 있다[김명옥, 「로동의무에 대한 법적규제의 필요성과 로동의무 제도의 내용」, ≪김일성종합대학학보: 력사 · 법학≫, 44권 2호(1998), 41쪽].

기업소, 협동농장의 생산적 작업에 임시 지원 사업을 조직할 의무를 국가에 부여하고 있다(동법 제34조 제1항). 그러나 해고가 전혀 없는 것은 아니다. 즉, '노동 규율·규정' 위반 또는 형법상 '사회주의 근로 행정질서를 침해하는 범죄'를 행한 경우 노동교화형의 처벌을 받게 되어 해당 근로자는 소속 사업장에서 해고되었다고 해석되어야 한다. 왜냐하면 해당 근로자는 교화소에서 노동을 하게 되어 자신이 복무했던 사업장을 떠나야 하기 때문이다.

북한 헌법은 직업선택의 자유와 최저 근로조건을 보장하면서(제70조 제2항), 아울러 실업 자체를 배제한다고(제29조 제3항) 규정하고 있다. 이러한 실업 개념 배제에 따라 1978년 현행 사회주의 노동법을 제정할 당시 실업보험에 관한 규정은 도입되지 않았다. 단지 북한 국가사회보장법에서 근로 의사와 능력이 있음에도 1개월 이상 직장을 배정받지 못해 생계가 어렵고 달리 부양할 사람이 없는 경우 표준임금의 20%를 6개월 한도로 지급하고, 자발적인 실업 및 노동규율 위반 및 범죄 등 과실로 인해 해고된 경우에는 이를 지급하지 않는다고 규정하고 있다.[42] 이를 통해 엄격한 의미에서 북한에 실업이 존재하지 않는 것은 아니라는 사실을 확인할 수 있다.

---

41 1986년 개정에서 신설한 동법 제34조 제2항은 "국가기관 또는 기업소가 일시적으로 노동력이 남는다고 하여 임의로 근로자를 제적할 수 없다"고 규정하고 있다. 여기서 '제적'은 남한의 해고와 같은 의미이다.

42 문무기, 『중국 노동법제 분석을 통한 북한 노동법제 변화전망』(한국노동연구원, 2003), 171~172쪽.

(3) 최저 근로조건의 보장

북한은 여전히 보수, 근로시간 및 휴식권, 사회보장 등의 근로조건에서 사회주의적 기본 형태를 법적으로 유지하고 있다.

우선 북한에서는 근로자의 노동력 제공에 대해 국가가 생활비라는 형태의 적은 액수를 지급하고, 나머지는 국가가 관리해 근로자의 교육 및 사회보장제도의 운영에 사용하고 있다. 북한의 사회주의적 분배 원칙은 근로의 대가를 '노동의 양과 질'에 따른 사회주의 경제법칙에 따라 보수로 지급하는 노동 보수제를 채택하고 있다. 이 제도는 "근로자들의 자주적이며 창조적인 생활을 물질적으로 보장해주는 수단"으로 인식되고 있다. 북한에서 보수는 노동에 대한 대가가 아니라 근로자가 "사회와 집단을 위해 얼마나 자각적으로 떨쳐나 헌신적으로 일했고 국가와 사회의 주인으로서의 책임을 얼마나 했는가 하는 것을 평가"한 제도적 산물로 취급된다.[43] 이에 따라 근로자는 자신의 노동에 대해 생활비[44] 및 추가 급여 형태인 상금과 장려금을 지급받는 것이다.

북한에서는 근로자들의 근로시간이 1일 8시간을 초과하지 못하도록 법적 규제를 가하고 있다(헌법 제30조, 노동법 제16조, 제33조, 제62조). 또한 유해지하근로 등과 같이 난이도가 높거나 특수한 조건의 근로인 경우에는 1일 근로시간을 6~7시간으로 단축할 수 있도록 하고 있다(헌법

---

[43] 조극명, 「사회주의적 로동 보수제의 정확한 실시는 국가의 중요한 정치」, ≪정치법률연구≫, 2011년 2호(루계 34호), 29쪽.

[44] '생활비'는 국가와 사회의 주인인 근로자들에게 안정된 생활을 마련해주기 위한 것이기 때문에 특수한 상품인 노동력의 가격으로 자본주의 노동법에서 규정되는 '임금'이라는 용어와 차별화해서 사용하고 있다.

제30조, 노동법 제16조). 예외적인 경우를 제외하고 경제 기관, 기업소가 시간외근로를 시킬 수 없도록 규정하고 있다(노동법 제63조). 하지만 8시간 근로제는 '8시간 근로, 8시간 휴식, 8시간 학습의 원칙'(노동법 제33조)을 전제로 하고 있어 8시간의 휴식, 즉 수면을 제외한 깨어 있는 시간은 근로 또는 학습 시간으로 보내야 하기 때문에 법정 근로시간은 사실상 큰 의미가 없다. 그럼에도 근로시간의 엄격한 준수는 국가적 의무로 인식되고 있다. 근로시간이 근로의 양을 표시하는 가장 일반적인 기준이 되어 근로자의 임무 수행에 대한 평가 척도로서 통제의 기본적인 수단이 될 수밖에 없다.[45]

북한 헌법 제71조는 국민의 권리로서 근로자의 휴식권을 규정하고 있다. 휴식권에는 근로자가 일일 법정 노동시간이 끝나면 가지게 되는 '일간휴식권', 일주일을 주기로 일정한 일수의 장기적인 휴일을 보장받는 '주간휴일권', 국가 차원의 명절에 휴식을 보장해주는 '명절휴식권' 등이 인정되고 있다. 또한 북한은 '정기 및 보충 휴가제'를 실시하고 있는데, 일반 근로자는 해마다 명절을 제외하고 일요일을 포함한 14일의 정기휴가를 보장받고 특수한 노동조건[46]의 근로자는 직종에 따라 1주일에서 3주일간의 보충휴가를 보장받고 있다. 휴가권 보장은 채용 후 11개월이 지나야 요구할 수 있고, 휴가는 관혼상제 등을 제외하고는 유급으

---

45 이철수, 「북한의 노동법제의 주요 내용과 그 의미」, 128쪽.

46 지하 노동 부문, 유해노동 부문, 중노동 부문, 건설 노동 부문, 그리고 정신적 피로를 많이 받는 부문의 근로자가 여기에 해당된다(김명옥, 「우리 나라에서 공민들의 휴식 권리 보장 제도」, ≪김일성종합대학학보: 력사·법학≫, 52권 1호(2006), 68쪽).

로 처리된다. 그 외에 여성 근로자를 위한 '산전산후휴가제'와 '정휴양제'를 실시하고 있다. 북한은 여성의 건강과 어린이의 건전한 양육을 충분히 담보할 수 있도록 산전 60일, 산후 90일 모두 150일의, 세계에서 가장 긴 휴가 기간을 보장한다고 주장하고 있다.[47] 국가적인 휴식 보장 제도의 하나인 정휴양제는 북한 근로자들이 국가 또는 기업소에서 운영하는 정양소·휴양소에서 일정 기간 문화적 휴식과 건강 회복을 하게 하는 것을 목적으로 운영되고 있다. 정양과 휴양 모두 국가 비용으로 보장받는 휴식의 한 형태라는 점에서는 같지만, 휴양의 근본 목적이 문화적 휴식이라면, 정양은 휴식과 함께 건강 회복을 목적으로 한다는 점에서 차이가 있다.[48]

앞에서 이미 설명한 북한 근로자의 최저 수준의 근로조건 보장과 같이 북한 노동법제는 노동 생활을 보장하기 위한 다양한 사회보장 관련 규범을 법제도적으로는 갖추고 있다. 즉, 사회주의 노동법 제68조는 "국가는 모든 근로자들의 생활을 책임지고 보장하며 그들의 물질문화생활을 끊임없이 높이는 것을 자기활동의 최고 원칙으로 삼는다. 근로자들은 로동에 의한 분배 외에 추가적으로 많은 국가적 및 사회적 혜택을 받는다"고 규정해, 북한에서 사회보장은 사회보험과 노인·아동·장애자 등을 위한 복지 및 보훈 사업을 포괄하는 국가에 의한 생활 보장 성격까지 포함되어 있다고 해석할 수 있다. 그래서 사회주의 노동법은 산재보

---

47 이러한 휴가 기간의 연장이 임산부 내지 산모 보호보다는 새로운 일자리 확보를 위한 인구 및 노동 정책적 요구에 따른 입법의 결과라는 사실은 이미 앞에서 언급했다.
48 김명옥, 「우리 나라에서 공민들의 휴식 권리보장 제도」, 69쪽.

험(제73조, 제77조), 연노연금(제74조), 유가족연금(제77조)을 비롯해 근로자 및 그 부양가족의 무상 의료(동법 제79조), 근로자 자녀의 무상교육(제71조, 제72조)을 규정하고 있다.[49] 다만 이러한 다양한 사회보장에 대한 법규범은 북한의 법 현실과는 상당한 괴리가 존재한다는 엄연한 사실을 부인하기에는 궁색할 수밖에 없다.

(4) 국가에 의한 통일된 노동조직

북한의 노동조합은 중앙 조직만 유지되고 있고, 당의 외곽단체로서 사회주의적 통치 수단의 보조적 지위를 크게 벗어날 수가 없다. 이는 근로자들의 경제적·사회적 지위 향상 및 근로조건의 개선을 목적으로 하는 자본주의 사회의 자주적인 결사로서의 근로자 단체와는 달리, 북한의 노동조직이 철저히 국가의 통제 아래 있다는 사실에서 기인한다. 북한 주장에 따르면, 자본주의 사회와 달리 사회주의 사회에서는 생산수단에 대해 사회주의적 소유에 기초해 인민경제의 모든 부문들이 서로 밀접한 생산적 연계를 가지고 유기적으로 연결되어 계획적으로 경제발전을 도모하고 있다. 이 때문에 국가가 전 사회적인 노동조직에 대한 법적 규제를 통해 모든 노동 자원을 장악해 사회적 노동에 적극적으로 참여시켜야 한다는 것이다. 그래서 북한은 사회주의 노동법 제3장(제25

---

49 특히 산업재해로 근로자가 사망한 경우 부양가족들에게 지급하는 유가족연금에 대한 규정은 있으나 구체적인 절차가 빠져 있다. 그러나 2010년 7월 제정된 '노동보호법'에 그 구체적인 절차를 규정해 이 법의 결함을 보완했다. 노동보호법의 내용과 사회주의 노동법과의 비교는 이규창, 『2009년 헌법 개정 이후 북한 노동법제 동향』(통일연구원, 2011), 3~10쪽 참조.

조~36조)에서 국가가 전체 노동을 통일적으로 조직할 수 있도록 보장하는 '사회주의 노동조직'을 규정하고 있다. 국가에 의한 통일된 노동조직은 그 동원성과 효과성을 최대로 높이면서 높은 생산성을 담보하는 바탕이 된다고 주장한다.[50] 이는 북한에서 국가가 노동조직을 통해 근로자에 대한 사상 교육을 강화하는 것이 전혀 새삼스러운 일이 아님을 확인시켜준다.

(5) 노사 분쟁의 원천적 차단

시장경제에 기초한 노동관계에서는 필연적으로 발생할 수밖에 없는 노사 분쟁을 해결하기 위한 장치로서 다양한 분쟁 조정 기구의 구성 및 운영이 법제도적으로 마련되어 있다. 하지만 북한에서는 적어도 이론상으로는 생산수단의 사회주의화에 따른 사회주의적 근로관계가 원칙적으로 형성되어 있어 대립적 노사 관계 자체가 발생할 여지가 없기 때문에 노사 분쟁 해결에 대한 제도가 존재할 이유가 없다.

북한 사회주의 노동법은 북한 학자의 주장에 따르면 "반동적인 자본주의 노동법과 달리 근로대중의 자주적 지향과 요구를 가장 철저히 옹호하고 실현시켜 주는 가장 우월한"[51] 법이다. 이에 반해 생산수단에 대한 사적 소유가 지배하고 시장경제가 실시되는 사회에서 노동의 권리,

---

50 정광식, 「사회주의 로동조직에 대한 법적 규제의 중요성」, ≪정치법률연구≫, 2008년 1호(루계 21호), 22쪽.

51 김명옥, 「자본주의 로동법의 발생을 왜곡하는 부르죠아 법 리론의 반동성」, ≪김일성종합대학학보: 력사·법학≫, 53권 3호(2007), 94쪽.

해고, 실업 등은 해결될 수 없는 필연적이고 항구적인 현상이라는 것이다.[52] 노동시장의 형성과 발전에 따른 자본주의적 노사 관계의 형성은 필수적으로 노사 간의 이해 대립과 갈등을 끊임없이 유발하고 있는 것이 사실이다. 시장경제체제에 기초한 자본주의적 노사 관계를 규율하는 방향으로 개혁을 진행하고 있는 중국의 노동법 개혁에 대한 북한의 시각은 당연히 불문가지이다. 이는 "자본주의사회에서 자본가와 로동자 사이의 자유로운 의사에 따라 로동력을 팔고 사는 평등한 계약적 로동관계는 …… 터무니없는 궤변이며 날조이다"[53]라는 지적에서 더욱 명확하게 파악할 수 있다.

그러나 노동법 개혁에 대한 이러한 비판적이고 부정적인 북한의 시각은 사실과 일정한 거리가 있다. 왜냐하면 대내외의 변화에 대응하는 차원에서 사회주의 노동법과 일정한 차별성을 확인할 수 있는 변화가 이미 1984년 외국인 직접투자 유치를 추진하려는 '합영법' 제정을 통해 나타나기 시작했기 때문이다.[54] 그 후 나선 경제무역지대의 경제특구

---

52 김명옥, 「자본주의 로동법 체계에 관한 부르죠아 리론의 반동성」, ≪정치법률연구≫, 2009년 3호(루계 27호), 51쪽.

53 김명옥, 「자본주의 로동법의 발생을 왜곡하는 부르죠아 법 리론의 반동성」, 91쪽.

54 그 후 1991년 경제특구 설치와 함께 1992년 헌법 개정을 통해 합영과 합작에 관한 규정을 신설했고, 외국인투자법과 합작법, 외국인기업법 등의 제정, 합영법 시행세칙의 개정 등이 행해졌으며, 1993년 외국인투자기업및외국인세금법, 외화관리법, 토지 임대법 및 외국인 투자 기업에만 적용되는 외국인 투자 기업 노동 규정 등이 제정되었다. 이후 1994년에는 10년 만에 합영법이 개정되었는가 하면, 민사소송법을 개정해 외국인 투자 기업과의 민사 분쟁을 해결하기 위한 노력을 보였고, 1995년에는 합영법 시행 규정을 제정했다. 또한 1998년 9월 헌법 개정에서는 나진-선봉 특수 경제 지대에 대한 내용을 두어 외자도입에 대한 북한의 의지를 표명하고 있고, 1999년에는 1998년의 헌법 개정에 따른 정부 조직 변화를 반영하면서 중앙정부의 지도 관리를 강화하는 등의 외국인

정책(1991년 12월)과 지대 활성화 조치(1997년 6월), 신의주(2002년 9월), 금강산(2002년 10월), 개성(2002년 11월) 등을 경제특구로 지정해 일정한 대외 개방의 단초를 열게 된다. 이러한 북한 노동법제의 이원화 구조는 1980년대 말부터 시작된 사회주의 국가들의 체제전환과 그에 따른 글로벌 거버넌스의 출현에 대한 북한의 불가피한 대응의 산물로 판단된다. 다만, 개성을 제외한 다른 경제특구에 대한 노동 관련 규정은 일반 외국인 투자 기업에 대한 노동 관련 규정과 큰 차이가 없기 때문에 개성공업지구에 대한 노동 규정이 사실상 예외적인 위치를 차지하고 있다. 북한 노동법제의 이원적 구조는 당면한 경제난을 극복하기 위해 사회주의적 노동 규제를 완화해 외국 투자 유치를 확대하려는 의도와 함께, 기존 정치체제를 견지하기 위해 시장경제 논리가 북한 내부로 유입되는 것을 차단하려는 고육지책의 결과로 판단된다.

중국 개혁 노동법제에 대한 북한의 대응 사례로 개성공업지구에서 적용되고 있는 노동법제의 내용을 살펴보도록 하겠다. 왜냐하면 나선지구, 황금평 지구 등 경제특구가 선정되었지만 여전히 활성화되지 못하고 있는 상황을 고려할 때, 오직 개성공업지구에서만 노동법제 개혁의 일부 내용을 수용해 사회주의 노동법제와 일정하게 차별성을 보이고 있기 때문이다. 즉, 시장 기능 등의 수용을 확인할 수 있는 노동법제가 북한 내에서 유일하게 적용되고 있는 곳이 개성공업지구이다.

투자 관련 법규에 대한 대대적인 수정 작업이 이루어졌다(이철수, 「북한의 노동법제의 주요 내용과 그 의미」, 118쪽).

3) 북한의 대응: 개성공업지구 노동법제

개성공업지구 내의 노동관계를 규율하는 '개성공업지구법(이하 지구법)'은 2002년 11월 20일 제정되었고, 개성공업지구를 운영하는 기본법의 성격을 갖는 지구법 외에도 많은 하위 규정들이 남북 합의를 통해 구축되었다. 하위 규정들 중에는 노동을 규율하는 '개성공업지구 노동 규정'도 포함되어 있다.[55] 지구법에는 개성공업지구 내의 노동 관리와 관련한 기본적 규정만 두고 있다. 제37조에서 근로자 채용 시에는 북한의 인력을 원칙으로 하고 특수한 직종의 기술자, 기능공의 경우에 공업지구 관리 기관에 알리고 남측 또는 다른 나라 인력을 채용할 수 있도록 했다.

(1) 근로계약제의 도입

근로자와 기업이 직접 근로계약을 체결할 수 있으며, 이를 통해 임금, 채용 기간, 근로시간 등을 정할 수 있다.[56] 그러나 기업은 근로자 채용 공고를 통한 직접 채용은 불가능하고 근로자 알선 기업이 공급한 인원에서 선발권을 가지게 되어 있다. 이와 함께 선발 기준으로 기업이 기능 시험, 인물 심사 등을 활용할 수 있도록 해 노동력의 질적 수준을 제고할 수 있게 하고 직업동맹의 관여를 배제하고 '종업원 대표'와 노사협의

---

55 이에 대해 상세한 것은 통일부 남북협력지원단, 『개성공업지구 법규집』(통일부: 2013), 213~224쪽 참조.
56 개성공업지구 노동 규정 제10조.

회를 통해 노사 관계를 해결하도록 했다. 이는 사회주의 노동법 내용에서 진일보한 것으로 주목된다.

(2) 해고제의 수용

개성공단에서는 일정한 경우[57]를 제외하고는 기본적으로 근로자 해고를 인정하고 있다.[58] 다만 이를 30일 전에 통보해야 하고, 해고된 근로자 명단은 노력 알선 기업에 제출하도록 규정하고 있다.[59] 또한 기술 또는 기업의 경영에 따른 해고를 가능하게 함으로써 정리 해고의 가능성도 인정되고 있다. 개성공단에서의 해고 절차는 사회주의 노동법보다 훨씬 유연화된 규정이라는 점에는 이론의 여지가 없을 것이다. 그리고 개성공업지구 노동 규정에 따르면 기업 측의 사정에 의해 1년 이상 근무한 근로자를 해고하는 경우에는 3개월 평균 월 노임에 일한 연수에 따라 계산한 보조금을 지급하도록 하고 있다.[60]

---

57 노동 규정 제16조는 ① 근로자가 직업병을 앓거나 작업 과정에 부상당해 치료받고 있는 기간이 1년이 되지 못한 경우, ② 병으로 치료받는 기간이 6개월을 초과하지 않은 경우, ③ 임신, 산전산후휴가, 어린이에게 젖 먹이는 기간인 경우를 해고할 수 없는 조건으로 제시하고 있다.

58 노동 규정 제14조의 해고 사유는 ① 직업병이나 질병 또는 부상으로 치료를 받았으나 자기 직종 또는 다른 직종에서 일할 수 없을 경우, ② 기업의 경영 또는 기술 조건의 변동으로 종업원이 남을 경우, ③ 기술과 기능의 부족으로 자기 직종에서 일할 수 없을 경우, ④ 기업의 재산에 막대한 손실을 주었거나 노동 생활 질서를 어겨 엄중한 결과를 일으킨 경우 등 네 가지로 규정해 해고 사유의 유연성이 여전히 한정되어 있다는 평가를 받고 있다.

59 개성공업지구 노동 규정 제15조.

60 개성공업지구 노동 규정 제19조.

(3) 보수

개성공업지구 노동 규정 제31조는 최저임금을 구체적으로 정하고 있으며, 또한 일종의 인센티브 제도로서 기업이 세금을 납부하기 전에 이윤의 일부를 상금 기금으로 조성해 근로자에게 상금 또는 상품을 줄 수 있도록 규정하고 있다. 노동 규정에서는 월 최저임금을 미화 50달러로 할 것을 규정하면서, 최저임금의 인상 수준은 개성공업지구 관리 기관이 중앙공업지구 지도 기관과 합의해 매년 5%를 넘지 못하도록 하고 있다.[61] 그리고 북한 사회주의 노동법이 규정하고 있는 사회주의 분배 원칙인 '노동에 따른 분배 원칙'에 의해 국가에 의한 분배가 아닌 기업과 근로자 간의 직접 임금 관계 제도를 도입했다. 즉, 임금을 '화폐'로 근로자에게 '직접' 주도록 규정함으로써[62] '간접 지급'으로 인한 생산력 저하 등의 문제점들을 제거하는 것은 물론, 시장경제체제의 임금 지급 방식을 확대할 수 있는 법적 토대가 마련되었다. 그러나 아직도 임금을 근로자에게 직접 지급하는 직불제가 시행되지 않고 있는 것이 현실이다.

(4) 근로시간과 휴가

근로시간과 휴가에 대한 노동 규정에 따르면 근로시간은 주 48시간으로 규정되어 있으며, 이 근로시간은 근로자 채용 계약 또는 취업규칙에 따라 48시간, 즉 1일 8시간 1주 6일 이내로 결정할 수 있도록 했다.

---

61 개성공업지구 노동 규정 제25조.
62 개성공업지구 노동 규정 제32조.

다만 예외적으로 불가피한 사정이 있을 경우에는 '근로자 대표 또는 해당 근로자와의 합의'를 통해 시간외근로를 시킬 수 있도록 하고 있다. 그 외에 휴게·휴식, 휴일, 휴가를 규정하고 있다. 휴가의 경우 여성 근로자의 산전산후휴가로 60일의 산전, 90일의 산후휴가를 규정해 세계 최장 휴가 기간이라는 북한 노동법제의 규정을 그대로 수용하고 있으며, 이는 실제로 남한의 산전산후휴가보다 60일이나 많다.

(5) 근로자 보호와 사회보장

개성공단의 노동 규정에서 근로자에 대한 보호와 사회보장제도는 큰 틀에서 북한 사회주의 노동법의 내용과 별다른 차이를 발견할 수 없다.[63] 다만 기업이 부담해야 할 사회보험료의 구체적 기준을 명시하고 있고, 문화 후생 기금의 사용에 대한 직업동맹 조직의 감독 기능을 삭제한 것과 같은 일부 내용은 향후 개성공단 노동법제의 개혁적 발전을 암시하고 있다고 평가할 수 있다.

(6) 노동분쟁 해결을 위한 제도화

초기 개성공단에서는 노사 간의 문제를 둘러싼 크고 작은 논란이 있

---

63 개성공업지구 노동 규정에서는 월 임금 총액의 15%를 사회보험료로 매월 계산해 다음 달 10일 안으로 중앙공업지구 지도 기관이 지정하는 은행에 납부할 것을 규정하고 있으며, 사회보장 및 사회보험 등과 관련해 투자 기업은 사회보험료를 부담할 의무 이외에 다른 의무는 일체 가지지 않는다(개성공업지구 노동 규정 제42조). 사회보험료의 부담은 실질적인 임금 상승 요인으로서 기업 측에는 상당한 부담으로 작용할 수밖에 없고, 액수가 정확하게 정해져 있지 않을 경우 부담이 더욱 커질 수도 있다.

었지만, 오늘날에는 기업과 종업원 대표 간의 협의를 통해 대부분 문제를 해결하고 있다. 다만 일부의 경우 조기에 해결되지 못하고 장기화되는 사례도 있었다. 이러한 분쟁을 해결하기 위해 제3자가 적절한 조언과 중재를 할 수 있도록 개성공단 노동 규정 제48조는 노동 중재절차를 두도록 규정하고 있다.[64]

개성공단에서 벌어지는 남북 간의 각종 분쟁을 조정하기 위해 2013년 12월 남북이 5명의 중재위원회 명단을 상호 통지한 후 2014년 3월 13일 개성공단 상사중재위원회 1차 남북 회의가 개최되었다. 이는 개성공단에서의 상사 분쟁 해결을 위한 제도적 장치 구축으로 이어지게 될 것이다. 개성공단에서 별도의 중재 제도를 도입해 남북이 함께 운영하는 실험은 향후 남북 상사 중재 제도의 활성화와 노동법제 개혁에 많은 도움이 될 것이다. 이러한 긍정적인 측면을 감안한다면 개성공단의 노동 중재절차의 제도화와 실행에 적지 않은 의미를 부여할 수 있다.

4. 나가면서

계획경제에서 시장경제로의 체제전환에 주목했던 중국의 노동법제 개혁은 글로벌 거버넌스 차원에 맞춰 먼저 계획경제체제에 바탕을 둔

---

64 개성공업지구 법제연구회, 『개성공업지구 법제의 진화와 미래』(경남대학교 극동문제연구소, 2012), 138쪽.

평생 고용을 계약 기반 고용으로 바꾸었다. 나아가 노사 관계에 대한 행정적 개입은 감소하면서 법에 따라 노사 관계가 규제되었다. 즉, 노동법제 개혁은 글로벌 거버넌스 차원에 상응하는 노동정책을 점진적으로 법제화했다. 그에 따라 노동법제 개혁은 근로계약의 제도적 도입과 고용 형태의 다양화, 해고 제도의 도입과 활용, 근로조건의 다양화, 근로자 권익 보호를 위한 조직 허용, 노동쟁의 해결을 위한 제도화 등의 주요 내용으로 나타나게 되었다.

북한은 글로벌 거버넌스 차원에서 이루어진 국제 협력으로 진행된 이러한 노동법제 개혁에 대해 원칙적으로 부정적인 시각을 공식적으로 표출했다. 왜냐하면 글로벌 차원의 협력과 지원을 북한이 수용한다는 것은 결국 자신의 체제전환과 이를 위한 법제 개혁을 실행한다는 의미가 되기 때문이다. 글로벌 거버넌스 차원에서 이루어지는 다양한 형태의 법제 협력은 결국 제국주의 국가들이 경제적 예속을 가속화하기 위해 쓰는 법적 도구라는 것이 북한의 기본적인 시각이다. 북한은 1978년 '사회주의 노동법'이 자본주의 국가는 물론 다른 사회주의 국가의 노동법과도 다른 "우리식의 독특한 사회주의 노동법 구성 체계"라고 그 우수성을 주장했다.

그러나 앞에서 이미 자세히 살펴본 것처럼 노동법 개혁에 대한 이러한 북한의 부정적인 시각과 달리 사회주의 노동법과 일정한 차별성을 보이는 변화가 1984년 '합영법' 제정을 시작으로 나타났다. 이는 경제특구 중 현재 유일하게 개성공업지구에서 북한의 사회주의 노동법이 아닌 초보적인 단계의 시장경제 기능을 일부 수용한 '개성공업지구 노동법제'가 실제로 적용되는 데서 확인할 수 있다. 개성공업지구 노동법제가 시장경제체제에 기초한 노동법제의 개혁에는 크게 미치지 못하지만 북한의 사회주의 노동법 내용에서 진일보한 것은 부인할 수 없다. 이는 향후 한층 개선된 개성공단 노동법제의 개혁적 발전과 이를 토대로 한 북한 사회주의 노동법의 점진적인 변화를 견인할 수 있는 시발점이 될 수도 있다.

북한의 노동법제 개혁에 대한 남한 정부의 정책은 개성공업지구 노동법제의 점진적인 발전을 견인함으로써 시장경제에 기초한 법제 개혁에 대한 북한의 자신감을 제고하는 데에 맞춰져야 할 것이다. 또한 북한은 최근 심화되고 있는 중국과의 양자 간 협력을 통해 시장경제에 대한 다양한 경험을 축적하고 있다. 북한이 향후 글로벌 차원에서 본격적인 국제 협력을 진행하게 될 경우, 축적된 경험이 북한의 수용 능력 강화와 체계적인 법제도적 대응에 활용될 수 있는 소중한 자산이 되도록 우리 정부의 장기적이고 체계적인, 철저한 사전 준비가 절실하다. 이는 결국 대화와 화해를 통한 남북한의 교류 협력 강화와 평화 체제 구축을 위해 남북한의 상호 신뢰 조성에서 출발해야 할 것이다.

참고문헌

1. 국내 문헌

1) 단행본

개성공업지구 법제연구회. 2012. 『개성공업지구 법제의 진화와 미래』. 경남대학
교 극동문제연구소.

구수회 엮음. 1996. 『북한법 연구법전』. 행법사.

권선주. 2011. 『현대중국경제의 이해』. 대명출판사.

김두섭 · 최민자 · 전광희 · 이삼식 · 김형석. 2011. 『북한 인구와 인구센서스』. 통
계청.

문무기. 2003. 『중국 노동법제 분석을 통한 북한 노동법제 변화전망』. 한국노동연
구원.

법무부. 1987. 『북한법 연구(VI): 노동법』. 법무부.

_____. 1997. 『북한법의 체계적 고찰(III): 상사 · 경제 · 노동관계법』. 법무부.

윤대규. 2006. 『법 제도 개혁을 위한 국제금융 기구의 지원에 관한 연구』. 한국법
제연구원.

윤대규 엮음. 2008. 『북한의 체제전환과 법제도』. 한울.

이규창. 2011. 『2009년 헌법 개정 이후 북한 노동법제 동향』. 통일연구원.

장명봉 엮음. 2011. 『최신 북한법령집』. 북한법연구회.

정은숙. 2012. 『글로벌 거버넌스와 국제안보: 이슈와 행위자』. 한울.

통일부 남북협력지원단. 2013. 『개성공업지구 법규집』. 통일부.

2) 논문

민경배. 2010. 「중국의 노동법제 발전을 통해 본 북한의 노동법제 변화 전망」. ≪통
일정책연구≫, 19권 1호, 175~208쪽.

_____. 2012. 「개혁 개방에 따른 중국 인권법제의 변화와 북한에 대한 시사점」.
북한 인권연구센터 엮음. 『북한 인권 이해의 새로운 지평』. 통일연구원.

이철수. 2004. 「북한의 노동법제의 주요 내용과 그 의미」. ≪산업관계연구≫,

14권 1호, 113~146쪽.

2. 북한 문헌

1) 논문

계춘봉. 2005. 「국제금융 기구들의 〈지도적역할론〉」. ≪경제연구≫, 2005년 3호, 37~39쪽.

김명옥. 1998. 「로동의무에 대한 법적규제의 필요성과 로동의무 제도의 내용」. ≪김일성종합대학학보: 력사·법학≫, 44권 2호, 41~46쪽.

_____. 2001. 「우리 나라 사회주의 로동법 구성 체계의 특징」. ≪김일성종합대학학보: 력사·법학≫, 47권 3호, 52~56쪽.

_____. 2006. 「우리 나라에서 공민들의 휴식 권리보장 제도」. ≪김일성종합대학학보: 력사·법학≫, 52권 1호, 66~70쪽.

_____. 2007. 「자본주의 로동법의 발생을 왜곡하는 부르죠아 법 리론의 반동성」. ≪김일성종합대학학보: 력사·법학≫, 53권 3호, 90~94쪽.

_____. 2009. 「자본주의 로동법 체계에 관한 부르죠아 리론의 반동성」. ≪정치법률연구≫, 3호(루계 27호), 50~51쪽.

김성호. 2006. 「국제금융 기구의 분류와 일반적 특징」. ≪정치법률연구≫, 2호(루계 14호).

김영명. 2008. 「현대자본주의 '민주화론'의 반동성」. ≪김일성종합대학학보: 력사·법학≫, 54권 2호, 84~88쪽.

김춘심. 2007. 「사회주의 로동법에서 로동의무에 대한 법적 규제의 중요성」. ≪정치법률연구≫, 4호(루계 20호), 27~28쪽.

리경철. 2008. 「대륙법계의 형성과정」. ≪김일성종합대학학보: 력사·법학≫, 54권 1호, 71~76쪽.

리은경. 2000. 「아시아개발은행은 낡은 국제통화금융질서의 산물」. ≪경제연구≫, 2000년 1호, 50~52쪽.

신분진. 2009. 「외세 의존하에 민족분렬을 합법화하기 위한 남조선 당국자들의 책동과 그 반동성」. ≪김일성종합대학학보: 력사·법학≫, 55권 1호, 103~108쪽.

정광수. 2006. 「현대제국주의의 ≪세계화≫의 책동과 그 파산의 불가피성」. ≪경제연구≫, 2006년 3호, 54~56쪽.

정광식. 2008. 「사회주의 로동조직에 대한 법적 규제의 중요성」. ≪정치법률연구≫, 1호(루계 21호), 21~22쪽.

조극명. 2011. 「사회주의적 로동 보수제의 정확한 실시는 국가의 중요한 정치」. ≪정치법률연구≫, 2호(루계 34호), 29~30쪽.

3. 외국 문헌

1) 단행본

ADB. 2002. *Technical Assistance to the People's Republic of China for Improving Corporate Governance and Financial Performance of State-owned Enterprises*. Manila: Asian Development Bank.

_____. 2004. *Law and Policy Reform at the Asian Development Bank*, 2003 Edition. Manila: Asian Development Bank.

Popović, Christina. 2002. *Legal and Judicial Reform in German Development Cooperation*. Bonn: BMZ.

World Bank. 2005. *Economic Law Reform Project, People's Republic of China*, Implementation Completion Report.

2) 기타

ADB News from PRC, Issue 7, June 2004(ADB, Resident Mission in the PRC).

Approaches for Systematic Planning of Development Project: Trade and Investment Promotion(JICA, 2004).

Country Operational Strategy Study, Vietnam(ADB, 1995).

Program Completion Report on the State-Owned Enterprise Reform and Corporate Governance Program to the Socialist Republic of Vietnam (ADB, 2004).

Report and Recommendation of the President to the Board of Directors on

Proposed Loans and Technical Assistant Grants to the Socialist Republic of Vietnam for the State-owned Enterprise Reform and Corporate Governance Program(ADB, 1999).

제**4**장

UN의 인권법제에 대한 북한의 시각과 대응

민경배

1. 시작하며

이 연구는 유엔 인권법제가 담고 있는 내용과 한계, 그에 따른 유엔 인권법제에 대한 북한의 인식과 대응을 검토하는 것을 목적으로 한다. 유엔은 국제기구에서 인권 보장과 관련한 중추적인 역할을 담당하고 있으며, 유엔헌장의 국제적 인권 보장을 자신의 주요 목적 중 하나로 담보하고 있다. 이러한 유엔 인권법제의 구조에서 북한은 구체적 사안에 따라 유엔 인권법제의 권고를 수용하기도 하고, 국가의 주권이나 내부 문제임을 근거로 내세워 내정간섭이라는 이유로 거부하기도 한다. 이 때문에 유엔 인권법제에 대한 북한의 시각과 대응을 심도 있게 검토하는 것은 북한의 인권 상황을 개선하고 나아가 체제전환을 견인할 수 있는 남한의 정책적 대안을 마련하는 데 필요한 연구가 될 것이다.

인간으로서의 가장 원초적이고 기본적인 인권을 보호하기 위한 전제로서 법치를 바탕으로 한 민주주의 정치체제를 제도화하는 것이 필수적이라는 점은 글로벌 거버넌스 차원의 보편적 인식이다. 하지만 이러한 인식이 있음에도 인권의 본질적이고 구체적인 내용에 대해 글로벌 차원의 명확한 기준이 여전히 확립되어 있지 않은 것이 국제적인 현실이다. 즉, 국제기구, 지역공동체, 국가, 개인 등 지구촌의 모든 주체가 예외 없이 동의할 수 있는 인권의 국제적인 보편적 내용은 지금까지 존재하지 않았고 미래에도 나타나지 않을 것이다. 그나마 유엔의 인권 관련 법제가 회원국들에 의해 폭넓게 그 규범적 효력을 인정받고 있지만, 이것 또한 일정한 한계를 내재하고 있다. 즉, 유엔 인권 규약이 사회권(A 규약)과 자유권(B 규약)으로 분리되어 있어 규범적 효력에 대한 상호 우선적 적용을 주장하기 때문에 인권 보장을 위한 실질적 수단으로 작용하지 못하는 경우가 발생하기도 했다. 유엔 인권법제는 규범적 강제력을 담보하지 못하는 국제법의 본질적 특성에 의해 일정한 경우 선언적 의미를 벗어나지 못하기도 한다. 이러한 한계 때문에 북한이 구체적 사안에 따라 유엔 인권법제의 권고를 수용하기도 하고, 국가의 주권 또는 내부 문제임을 근거로 내세워 내정간섭이라는 이유로 거부하기도 하는 사례들이 나타났다. 이런 근원적 한계에도, 유엔 회원국들은 인권 보장을 담보할 수 있는 가장 강력한 규범적 무기로서 유엔 인권법제를 인정하고 있다.[1] 이는 글로벌 거버넌스 차원에서 유엔이 차지하고 있는 위상과

---

1 유엔 인권 보호 체제의 평가와 과제에 대해서는 백진현, 「UN의 인권 보호 체제」, ≪국제

실천력에 기인한 것이라 판단된다.

북한이 지향하는 '경제 강국'의 실현을 위해 개혁 개방 정책을 추진하게 된다면, 그 과정에서 나타나는 경제적·사회적 구조 변화가 인권에 영향을 미치는 요인으로 작용하고, 경제성장을 위해 국제사회로의 편입이 불가피해지면서 국제사회의 인권 압력에도 직면하게 될 것이다. 즉, 경제 발전을 위한 효과적인 개혁 개방을 위해서는 대외 국제 관계와 대내 사회구조의 변화가 요구하는 유엔 인권법제의 수용과 참여, 그에 상응하는 인권 관련 국내 법제의 구축이 불가피할 것이다.

따라서 이 장의 연구는 유엔과 그 인권법제의 내용, 그리고 유엔 인권 레짐에 의한 북한 인권 문제에 대한 개입 사례를 간략하게 제시하고, 이에 대한 북한의 시각과 여러 대응을 심도 있게 검토하는 데 목적을 두고 있다. 먼저 유엔의 인권 관련 조직과 함께 유엔 인권 관련 법제의 내용을 살피고, 이를 토대로 북한 인권 문제에 대한 유엔 차원의 개입과 그에 대한 북한의 반응을 살펴본다. 이어 유엔이라는 국제기구에 대해 북한은 어떻게 인식하고 있으며, 유엔 인권 관련 법제에 대해서는 어떤 입장을 취하고 있는지 북한 문헌을 통해 분석하고, 이를 바탕으로 북한은 유엔 인권 관련 법제에 근거해 북한 인권 문제의 개입에 대해 어떤 영역에서 어떻게 대응하는지를 파악한다. 마지막으로 북한 인권법제의 변화 방안과 남한의 정책적 대안을 제시하고, 이를 종합해 향후 전망과 대책을 도출하려 한다.

인권법≫, 2호(1998), 14~17쪽 참조.

2. UN의 인권 관련 조직과 법제 내용

1948년 12월 10일 유엔총회가 채택한 세계인권선언은 인류가 추구해야 할 인권의 보편적 가치를 제시하면서 개별 국가들이 준수해야 하는 규범적 내용을 담고 있다. 이를 실현하기 위해 유엔은 각 국가 내에서 자행되는 인권침해를 고발하고 개선을 요구해야 할 의무를 부여한 헌장과 실행 규범을 지정함으로써 인권 관련 조직과 법제를 발전시켜왔다.

인권과 관련한 유엔의 행동 양식은 그만의 고유한 특징을 지니고 있다. 즉, 유엔 인권 기구는 개별 국가의 보편적 인권 개념을 관통하는 데 목표를 두는 것이지 특정 문화나 국가의 정체성과 특수성을 배제하고 일정한 정치체제를 옹호하는 것이 아니라는 사실은 명백하다.

1) UN의 인권 관련 조직

글로벌 차원의 인권 개선을 위해 중추적인 지위와 역할을 담당해오고 있는 유엔은 2006년 인권이사회(Human Rights Council)가 발족하기 전까지 인권 관련 주요 담당 기구로서 총회와 경제사회이사회(Economic and Social Council)를 두고 있었다. 그중 경제사회이사회가 인권 문제와 관련해 유엔에서 가장 중요한 기능을 담당하는 조직이었다. 경제사회이사회는 산하에 유엔 인권 기능의 핵심인 인권위원회(Commission on Human Rights)와 여성지위위원회(Commission on the Status of Women)라는 두 개의 하부 기구를 두고 있었기 때문이다. 나아가 인권위원회는 인권적 기능을 보조하기 위한 하부 조직으로 인권소위원회를 설치해 적극적으로 활용했다.

그러나 2006년 총회의 보조기관으로 인권이사회가 만들어지면서 경제사회이사회의 인권 기능을 전문으로 담당하게 되었고, 아울러 기존 인권소위원회는 폐지되면서 인권이사회 자문 위원으로 대체되는 변화를 겪게 된다. 또한 유엔 인권 기능을 실무적으로 보조하는 역할은 현재 유엔 사무국 소속의 인권최고대표실(Office of High Commissioner for Human Rights)[2]이 담당하고 있으며, 그 구성원인 인권 최고 대표는 유엔의 인권 관련 업무를 총괄하는 최고의 직책으로 기능하고 있다.

2) 인권법제의 내용

유엔은 1948년 세계인권선언을 제정한 이래 이를 바탕으로 1966년에 경제적 · 사회적 · 문화적 권리에 관한 국제 규약(사회권 규약)과 시민적 · 정치적 권리에 관한 국제 규약(자유권 규약)을 조약화했으며, 1970년대와 1980년대 사이에 더욱 세분화된 인권 조약을 제정해 이에 가입한 회원국들로 하여금 조약 내용을 이행하도록 독려해왔다. 이에 따라 현

---

[2] 유엔 인권 기능의 사무적 보조는 원래 인권 센터(Center for Human Rights)가 담당하면서 유엔 각종 기구의 인권 활동을 지원하고, 자유권 규약위원회 등 인권 조약에 기초한 감독 기구의 활동도 지원했다. 그리고 인권 센터는 인권과 관련한 각종 자문 및 기술적 협조도 기획하고 인권 관련 NGO들과의 관계도 조정했다. 또한 인권 관계 정보를 수집 · 출판해 각국에 전파하는 일도 맡았다. 그러나 이 센터는 1997년 9월 이후 인권고등판무관실로 통합되었다[박찬운, 『인권법』(한울, 2011), 127~128쪽].

재 80여 개에 달하는 인권 관련 각종 국제 협약 등이 유엔 인권법제의 체제를 구성하고 있다. 특히 2010년 12월 말을 기준으로 9개 조약에 모두 상응하는 인권 감독 기구[3]까지 두면서 한층 선진화된 체계를 구축하고 있다.[4]

---

3 가령 '여성에 대한 모든 형태의 차별 철폐에 관한 협약(Convention on the Elimination of All Forms of Discrimination against Women)'의 감독 기구로 '여성차별철폐위원회(Committee on the Elimination of Discrimination against Women)'를 두고 있다.

4 〈표 4-1〉 주요 국제 인권 조약 가입 현황

조약	채택일/발효일	남한	북한
인종차별 철폐 협약	1966. 3. 7 / 1969. 1. 4	비준: 1978. 12. 5 발효: 1979. 1. 4 (조약 제667호)	미가입
경제적 · 사회적 · 문화적 권리에 관한 국제 규약	1966. 12. 16 / 1976. 1. 3	가입: 1990. 4. 10 발효: 1990. 7. 10 (조약 제1006호)	가입: 1981. 9. 14 발효: 1981. 12. 14 유보: 없음
시민적 · 정치적 권리에 관한 국제 규약	1966. 12. 16 / 1976. 3. 23	가입: 1990. 4. 10 발효: 1990. 7. 10 (조약 제1007호) 유보: 제22조	가입: 1981. 9. 14 발효: 1981. 12. 14 유보: 없음
여성 차별 철폐 협약	1979. 12. 18 / 1981. 9. 3	비준: 1984. 12. 27 발효: 1985. 1. 26 (조약 제855호) 유보: 제16조 1항 g	가입: 2001. 2. 27 발효: 2001. 3. 29 유보: 제2조 f, 제9조 2항, 제29조 1항
고문 방지 협약	1984. 12. 10 / 1987. 6. 26	비준: 1995. 1. 9 발효: 1995. 2. 8 (조약 제1272호)	미가입
아동 권리 협약	1989. 11. 20 / 1990. 9. 2	비준: 1991. 11. 20 발효: 1991. 12. 20 (조약 제1072호) 유보: 제9조 3항, 제21조 a, 제40조 2항 b, v(2008.10.16 유보 철회)	비준: 1990. 9. 21 발효: 1990. 10. 21 유보: 없음

3) UN 차원에서의 북한 인권 문제에 대한 개입 사례

유엔 차원에서 대북 인권 문제의 개입은 그동안 유엔 인권소위원회, 유엔 인권이사회 및 총회의 북한 인권결의안 채택 등을 통해 꾸준히 진행되어왔다.[5]

1997년 8월 유엔 인권소위원회는 북한 인권 상황에 대한 국제사회의 우려와 인권 개선을 촉구하는 결의안을 최초로 채택했다. 이 결의안 채택에 북한은 자신의 주권을 침해했다는 이유로 반발했지만, 유엔이 국제법과 인권 규약 규정에 따라 강경한 입장을 취하자 결국 협력하게 된다. 유엔 인권위원회는 2003년 4월 16일부터 연속해서 북한 인권결의안을 통과시켰으며, 총회의 보조기관인 유엔 인권이사회로 지위가 격상되고 난 이후로는 2008년부터 2013년까지 지속적으로 북한 인권결의안을 채택하게 된다.

유엔총회는 2005년부터 2012년까지 여덟 차례에 걸쳐 북한 인권결

이주 노동자 권리 협약	1990. 12. 18 / 2003. 7. 1	미가입	미가입
장애인 권리 협약	2006. 12. 13 / 2008. 5. 3	비준: 2008. 12. 11 발효: 2009. 1. 10 (조약 제1928호) 유보: 제25조 e	미서명
강제 실종 협약	2006. 12. 20 / 2010. 12. 23	미가입	미가입

자료: 이규창, 「북한의 최근 인권 관련 법제의 동향과 분석 및 평가」, 제170회 북한법연구회 월례발표회 (2011.10.28), 4쪽.

5 김은옥, 「유엔 인권 레짐에 대한 북한의 대응과 우리의 전략」, ≪IDP 정책연구≫, 9호 (2011년 9월), 3~4쪽.

의안을 채택하는데, 비록 총회의 결의가 법적 구속력을 갖지는 않지만 2011년 시점에서 193개 회원국이 참여해 표결을 통해 국제사회의 총의를 모았다는 점에서 북한에 큰 압박으로 작용했을 것으로 보인다.

3. 북한의 시각과 대응

1) UN과 UN 인권법제에 대한 북한의 시각

(1) UN

북한은 유엔을 비롯한 국제기구가 주권을 생명으로 하는 국가들로 구성된 국제 조직체인 만큼, 그 활동에서 회원국의 자주권을 철저히 보장할 수 있어야 한다는 명확한 입장을 견지해오고 있다. 왜냐하면 국제기구는 세계 여러 민족, 국가들의 공동 관심사 중에 제기되는 국제 문제들을 공동의 지혜와 힘, 노력을 통해 공정하게 해결함으로써 서로의 관계를 더욱 발전시키려는 데 그 창설 목적을 두기 때문이라는 것이다. 그래서 북한은 국제기구가 자신의 활동에서 반드시 지켜야 할 근본 원칙으로 특정 국가나 특정 이념을 지향하는 몇몇 회원국들의 주장을 거부하면서 국가 자주권 원칙과 공정성 원칙을 견지해야 한다는 원천적 행동 지침을 요구하고 있다.

이러한 관점에서 북한은 세계 평화와 안전을 유지할 것을 목적으로 창설된 유엔이 자신에게 부여된 의무를 올바르게 이행하지 못하고 있다고 강변하고 있다. 즉, 유엔은 "지난 시기 미제의 강권 정치와 전횡에 무조건적으로 추종하고 우리 나라의 자주권을 체계적으로 유린하면서 자기 헌장대로 행동하지 않았다"면서, 그 구체적 사례로 "유엔은 …… 전후 유엔총회 28차 회의까지 우리 나라에 대한 불공정하고 불평등한 내용이 담긴 각종 '결의안'을 채택하고 조선의 통일을 방해하고 내정에 간섭하는 데 도용되는 수치스러운 오점"[6]을 남겼다며 유엔에 대한 부정적인 시각을 명확하게 보이고 있다. 또한 이러한 오점은 유엔이 미국에 굴복해 국가 자주권 존중 원칙이라는 국제법적 원칙과 유엔헌장의 요구를 외면한 데 따른 필연적인 결과라는 것이다. 유엔이 국가 자주권을 철저히 존중하는 원칙하에서 활동을 견지해왔더라면 강대국들의 전횡을 충분히 막아낼 수 있었다고 북한은 주장하고 있다. 대표적 사례로 지난 1984년 미국이 자신의 일방적인 요구를 거부했던 유엔 교육과학문화기구를 탈퇴했으나 개도국들의 협력으로 해당 기구의 사업 활성화가 더욱 가시화되자 요구를 거두어들이고 2002년에 동 기구에 다시 가입했던 사실을 상기시킨다. 그러면서도 북한은 최근 많은 신흥국들이 유엔에 새로이 가입하면서 미국의 전횡에 많은 제한이 가해지고 있고, 유엔의 창설 목적에 상응하는 결의들이 채택됨에 따라 유엔이 점진적으로 본연의 자리를 찾아가고 있다고 다소 긍정적으로 평가하고 있다.[7] 유엔을

---

6 한영서, 「국가 자주권 존중은 국제기구 활동에서 지켜야 할 근본 원칙」, ≪김일성종합대학학보: 력사·법학≫, 54권 1호(2008), 68~69쪽.

7 조선민주주의인민공화국 사회과학원 법학연구소, 『국제법사전』(평양: 사회과학출판사, 2002), 545쪽.

둘러싼 환경 변화에 대한 이러한 북한의 지적은 유엔에 대한 북한의 시각이 변화할 수도 있다는 의미로 평가할 수 있다.

특히 북한은 유엔 차원에서 논의되는 북한 인권 문제가 미국을 비롯한 서방국가들에 의해 정치적으로 활용되고 있기 때문에 유엔의 공정성이 크게 훼손되고 있다는 논리로 대응해오고 있다. 즉, 유엔이 서방국가들의 이해를 반영하기 위해 선택성과 이중 기준을 적용함으로써 그 객관성과 공정성을 이미 상실했다고 주장하고 있으며, 이러한 인식에 따라 북한은 유엔 인권이사회의 북한 인권결의안과 북한 인권보고관이 폐지되어야 할 제도라는 입장을 변함없이 고수하고 있다.[8]

(2) UN의 인권법제

북한은 유엔 인권법제 내용에 대해 소상하게 파악하고 있으며, 제2차 세계대전 이후 인권의 국제적 보장 문제가 세계 평화와 안전을 유지하는 데 불가결한 중요 과제가 되고 있음을 정확하게 인식하고 있다. 유엔 인권법제에는 일부 강제적인 성격으로 집행이 담보되는 사항도 존재하지만, 거의 모든 규범과 규정들은 건의적·권고적 성격을 가진 것으로, 인권 보장에 필연적으로 요구되는 보편적 문제에 대한 기본적 원칙을 제시하는 데 지나지 않는다는 것이 북한의 판단이다. 이는 유엔 인권법제의 특징, 강제력을 담보할 수 없다는 내재적 한계에 대한 북한의 시각

---

8 김일기, 「국제사회의 인권 개입과 북한의 대응 전략」, 《동북아연구》, 26권 2호(2011), 141쪽.

을 정확하게 확인할 수 있는 근거가 된다. 그래서 북한은 미국을 비롯한 서방세계가 북한에 유엔 인권법제의 수용과 실천을 강요하는 것은 부당한 행위로 사실상 내정을 간섭하는 것이라 비난해왔다.

유엔 인권법제의 적용과 실천에 대해 북한이 비판적이고 주관적인 시각을 보이고 있다는 점은 충분히 주목할 만하다. 이는 "미 제국주의자들은 국제 인권 재판관으로 행사하면서 인권 문제에 대한 국가 보고, 국가 통보를 악용하여 쩍하면 반제 자주적 립장이 강한 나라들, 자기들의 비위에 거슬리는 나라들을 비방 중상하고 모해하며 내정에까지 후안무치하게 간섭하는 내용의 '인권보고서'라는 것을 제출하고 있다"[9]는 주장, 즉 유엔 인권법제 체제를 마치 미국에 의해 통제받고 조정되는 것으로 시종일관 인식하고 있다는 데서 확인된다. 요컨대 세계 평화와 안전을 유지하는 데 불가결한 인권의 국제적 보장 문제를 담고 있는 인권 관련 유엔의 법제가 미국의 감독과 조종에 의해 운용된다는 심대한 문제를 안고 있다는 것이 북한이 계속해서 견지하고 있는 일관된 시각이다.

그러다 보니 유엔의 인권법제 체제에 대한 강한 불신과 함께 "인권 보장의 주체는 철저히 매개 나라들의 정권이기 때문에 인권은 곧 국권이 되어 해당 국가의 정책과 결부시키게 되는 것"[10]이라는 북한의 '우리식' 인권 논리가 끊임없이 제기될 수밖에 없었을 것이다.[11]

---

9 한영서, 「인권 보장과 관련한 국제법적 제도에 대한 리해」, ≪김일성종합대학학보: 력사 · 법학≫, 55권 4호(2010), 132~136쪽.

10 같은 글, 136쪽.

11 북한은 각 국가와 민족마다 역사 · 풍습 · 경제 · 문화의 발전 수준과 생활 방식 등의 조건이 달라 미국을 비롯한 서방국가들이 수용을 강요하는 서방식 인권 기준이 보편적일

2) UN 인권 관련 법제에 대한 북한의 대응

(1) '우리식' 인권 개념을 통한 북한의 대응

북한은 유엔의 보편적 인권관을 부인하고 오히려 인권에 대한 상대주의를 제기하면서 '우리식' 인권의 정당성과 우월성을 주장함으로써 '우리식' 인권 개념을 내세우고 있다. 즉, 북한은 유엔 인권법제에 의한 북한 인권 문제에 대한 의견을 주권과 내정불간섭의 대상으로 인식하고 있다.[12] 북한 문헌에 따르면 인권의 본질이 사회적 집단 속에서 "자주적으로, 창조적으로 살며 발전하려는 사회적 인간의 신성한 권리"[13]로 정의되면서 기본적으로 개인보다는 집단을 우선시하는 집단주의 원칙[14]과 계급성이라는 시각에서 인권이 규정되고 있다. 나아가 북한은 인권은 국경을 초월하는 보편적 가치가 결코 될 수 없다고 인식하고 있다. 이는 사회주의 법 이론에서는 전통적으로 자연법의 유효성이 거부 또는 무시되고(unbekannt) 있었기 때문에 전 국가적(vorstaatlich) 혹은 초국가적(überstaatlich)이고 생래적이며 보편적인 자연권(Naturrechte)인 인권

수 없기 때문에 북한의 실정에 상응하는 '우리식' 인권 기준이 북한에 적합하다는 논리를 주장하고 있다.

12 김수암, 「국제사회의 인권 제기에 대한 북한의 인식과 대응」, 국가인권위원회 엮음, 『북한 인권 관련 국가, 국제기구 및 INGO의 동향 분석』(국가인권위원회, 2007), 337~338쪽.

13 김억락, 「인권의 본질에 대한 주체적 리해」, ≪김일성종합대학학보: 력사·법학≫, 43권 4호(1997), 42~43쪽.

14 북한 헌법 제63조에서 공민의 기본권은 "'하나는 전체를 위하여, 전체는 하나를 위하여'라는 집단주의 원칙에 기초"해야 한다는 규정을 통해 인권에 대한 집단주의적 성격을 헌법적 차원에서 뒷받침하고 있다.

은 인정되지 않는다는 것에 기인한다. 이에 따라 인권은 국가가 보장하는 권리이기에 국권 침해는 최대의 인권유린이 된다. 북한은 국가의 자주권을 떠난 인권이란 존재할 수 없으며, 세계 어디에도 민족자결권을 떠나 참다운 인권이 보장된 사례는 없다고 주장하고 있다. 나아가 북한에 대한 국제사회의 인권 문제 제기 자체가 국가주권의 침해라는 입장을 견지하고 있기 때문에 강력한 군사력으로 국가주권을 수호하지 않고서는 인권이 보장될 수 없다고 인식하고 있다.[15] 북한의 선군정치(先軍政治) 강화는 결국 북한 주민의 인권 보장을 더 강화하게 된다는 논리가 성립된다. 또한 북한은 문화상대주의 시각에서 각 국가의 실정에 따라 인권의 기준과 보장 방안이 다를 수밖에 없다고 주장하며, 국제사회가 인권을 내세워 북한의 내정에 간섭하는 것은 패권주의·제국주의적 발상이라고 비난하고 있다. 북한은 스스로 인권 개념의 유연성을 거부하면서 인권과 관련해 국제사회와의 대화와 타협을 어렵게 하고 있다.

북한 특유의 '우리식' 인권 개념은 사회주의 국가들의 체제전환 이후인 1990년대부터 국제사회의 인권 규범에 대응해 주체사상에 입각해 정립되었으며, 이를 통해 우리식 사회주의 제도 아래에서 모든 인민은 참다운 권리와 자유를 누리고 있다고 주장하면서 북한에는 인권 문제 자체가 존재하지 않는다고 강변하고 있다.[16] 오히려 "사회주의 사회에는 사회제도의 본성과 조건으로 인하여 인권이 실현될 수 있는 담보가

---

15 리광혁, 「제국주의자들의 '인권 옹호' 궤변의 반동적 본질」, 《정치법률연구》, 2010년 3호(루계 31호), 29~30쪽.

16 같은 글, 30쪽.

있으나 자본주의 사회에는 근로자 대중의 인권이 실현될 수 있는 담보가 전혀 없다"[17]는 논리를 내세우고 있다. 하지만 이러한 자의적인 주장은 1981년부터 자유권 규약·사회권 규약과 같은 국제 규약, 여성 차별 철폐 협약, 아동 권리 협약 등에 가입함으로써 유엔의 인권 기준을 일정하게 수용하는 긍정적인 태도와 대비된다. 북한의 이중적 대응 방식을 확인할 수 있는 부분이다. 결국 북한은 유엔 인권법제에 따른 미흡한 국내적 실천력 때문에 '우리식' 인권 개념을 통한 대응을 견지하는 태도를 보일 수밖에 없었을 것이다. '우리식' 인권 개념이 사회주의 국가의 체제전환에 따른 북한 주민의 사상적 동요를 방지해 체제 유지를 위한 대내 결속 논리로 연결되면서 지도자의 권력을 더욱 강화하기 위한 적극적인 수단으로 활용되었다고 평가할 수 있다.

(2) UN 인권법제에 의한 인권 문제 제기에 대한 북한의 대응

북한은 유엔 인권법제에 따라 제기된 자신들의 인권 문제에 대해 기본적으로 강력하게 부인하면서도 국제적 고립을 피하기 위해 선택적으로 국제 인권 규범을 수용하는, 거부와 선택적 수용이라는 이중적 대응을 해오고 있다.

① 거부와 반발

북한이 인권에 대한 유엔의 압력에 대표적으로 취한 대응은 거부였

---

17 김억락, 「인권의 본질에 대한 주체적 리해」, 46쪽.

다. 1997년 유엔 인권소위원회에서 최초의 북한 인권결의안이 채택된 이래 북한은 유엔 인권위원회와 유엔총회 등 유엔 차원에서 채택된 '북한 인권결의안'을 "대조선의 고립과 압살 책동의 일환"으로 규정해 체제 안보적 관점에서 결의안 자체를 인정할 수 없다면서 전면적으로 거부해 왔다. 거부의 논거로 유엔 인권위원회의 정치화를 거론하면서, 유엔 인권위원회가 서방국가들의 이해를 반영함으로써 객관성과 공정성을 상실한 조건하에서 주권국가의 존엄성을 침해하고 있다고 비판했다. 2004년 유엔 인권위원회의 북한 인권결의안 채택에 따라 임명된 북한 인권특별보고관의 존재 자체를 인정하지 않으면서 그들의 방북 요구를 계속해서 거부하고 있다. 또 유엔의 인권최고대표실이 북한 인권결의안에 따라 인권 분야에서 기술협력 프로그램을 수립할 목적으로 북한과 포괄적인 대화를 시도했지만, 단지 결의안에 담겨 있다는 이유로 방북 거부는 물론 유엔과의 인권 분야 대화와 기술협력마저 수용하지 않았다.[18] 나아가 2006년 6월에 개최된 제1차 유엔 인권이사회 회의에서 북한은 개별 국가를 대상으로 삼는 인권결의안과 인권특별보고관 제도가 개별국에 대한 주권 유린이며 적대 행위의 결과로 당사국의 의사를 무시한 정치적 동기에서 비롯된 산물이기에 폐지할 것을 촉구했다.[19]

북한의 강력한 반발적 대응 기조는 2013년 3월 21일 유엔 인권이사회의 '북한 인권조사위원회'[20] 설치를 골자로 하는 열한 번째 북한 인권

---

18 김수암, 「국제사회의 인권 제기에 대한 북한의 인식과 대응」, 344~355쪽.
19 같은 글, 346쪽.
20 2013년 3월 21일, 그동안 북한 인권 특별보고관이 담당해왔던 북한 인권 문제를 포괄

결의안 채택에 대해 "일고의 가치도 없는 정치 협잡 행위"[21]로 규정해 전면적으로 배격한다는 주장을 견지하고 있다. 북한은 "유엔 인권이사회가 자기의 사명을 다하려면 인권의 정치화, 선택성, 이중 기준의 극치인 반공화국 인권결의 채택 놀음에 종지부를 찍고 세계 도처에서 감행되고 있는 미국의 국가주권 유린 행위부터 문제시해야 할 것"이라고 비난했다.[22]

오래전부터 북한은 유엔 인권 기구의 행동에 더욱 강력하게 반발하는 대응법도 활용해왔다. 반발이라는 극단적인 대응의 예로는 역시 1997년 유엔 인권소위원회에서 최초로 채택된 북한 인권결의안에 대해 북한이 "조선의 현실을 완전히 왜곡하는 것"이라 주장하면서 '시민적·정치적 권리에 관한 국제 규약(자유권 규약)' 탈퇴를 선언하고 동년 9월 예정되어 있던 '아동 권리에 관한 유엔 협약'의 이행 보고서 제출 연

적으로 조사하는 유엔 차원의 첫 공식 기구로 출범한 '북한 인권조사위원회(COI)'는 북한 인권 상황 및 인권침해 가능성 등에 대해 1년간 포괄적인 조사를 진행했다. 조사 대상은 식량권 침해, 수용소와 관련된 인권침해, 고문과 비인간적 대우, 자의적 구금, 차별, 표현의 자유 침해, 생명권 침해, 이동의 자유 침해, 타 국민의 납치와 강제 실종 문제 등이다. 조사위는 마이클 커비(Michael Kirby) 전 호주 대법관(위원장), 마르주키 다루스만(Marzuki Darusman) 북한 인권특별보고관, 소냐 비세르코(Sonja Biserko) 세르비아 인권운동가 등 세 명의 위원으로 구성되어 있다. 1년의 조사위 활동 기간은 결의안 채택을 통해 또 연장할 수 있도록 했다. 세 명의 조사위원은 이미 8월 17일 방한해 27일까지 남한에서 파악할 수 있는 북한 인권 상황에 관한 조사를 바탕으로 북한의 인권침해가 국가정책에 따라 자행된 '인도에 반한 범죄(crimes against humanity)'라는 결론을 내렸다. 이에 대해 북한은 '전면 거부'한다는 입장을 밝혔다("북 인권유린 상황에 초강수 던진 유엔 보고서", ≪연합뉴스≫, 2014년 2월 18일 자).

21 "북 '유엔 인권결의는 정치 협잡 행위 …… 전면 배격'", ≪연합뉴스≫, 2013년 3월 22일 자.
22 "북 외무성, 유엔 인권이사회 북한 인권결의 '전면 배격'", ≪통일뉴스≫, 2013년 3월 23일 자.

기를 표명한 것이 있다.[23]

북한은 유엔 인권법제에 대한 이러한 강력한 대응 전략을 원칙적으로 유지해오고 있다. 하지만 그럼에도 점증하는 국제적 대북 압력이 경제 발전은 물론 체제 안정에 부담으로 작용할 수 있다는 인식을 하게 되면서, 체제에 위협이 되지 않는 범위 내에서 유엔 인권 레짐에 일정하게 순응하는 협력적 대응을 병행하게 된다. 이는 예컨대 2000년대에 들어서면서 북한이 자신의 체제에 위험을 초래하지 않는 범위 내에서 국가 보고서의 제출과 유엔 인권 관련 인사의 선별적인 초청 등을 통해 가입된 국제인권협약의 의무를 이행하고 있다는 점과 국제사회의 북한 인권 문제에 대한 비난에 효율적으로 대응하기 위해 기술협력을 선별적으로 수용해 이행하고 있다는 점 등에서 확인할 수 있다.

② 선별적 수용

북한은 현재 4대 국제인권협약 가입국으로 이미 남한보다 10년 앞선 1981년 9월에 시민적 · 정치적 권리에 관한 국제 규약(자유권 규약) 및 경제적 · 사회적 · 문화적 권리에 관한 국제 규약(사회권 규약)에 가입했다. 북한의 국제 규약 가입 의도는 북한 주민에 대한 적극적인 인권 보장보다는 오히려 권위주의 정권이 통치하던 당시 남한에 비해 인권 선

---

23 국제 인권 규약 탈퇴라는 이러한 북한의 반발에 대해 유엔 인권위원회가 1997년 10월 현행 국제법과 인권 규약의 규정에 따르면 북한의 인권 규약 탈퇴는 인정될 수 없다고 단호하게 대응하자, 북한은 태도를 바꾸어 1998년 5월 아동권리위원회에 최초 보고서를 제출했다[이원웅, 「국제사회 인권 압력에 대한 북한의 인식과 대응」, ≪국제정치논총≫, 47권 1호(2007), 223~224쪽].

진국이라는 이미지를 부각하는 동시에 국제사회의 지원과 협력을 얻으려는 데 초점이 맞춰져 있었을 것으로 판단된다. 이후 북한은 1990년 9월에 아동 권리에 관한 협약에 가입했으며, 2001년 2월에는 여성 차별 철폐 협약에도 가입했다. 다만 북한은 인종차별 철폐에 관한 국제 협약, 고문 및 그 밖의 잔혹한 비인도적 또는 굴욕적 대우나 처벌 방지에 관한 협약, 모든 이주 노동자와 그 가족의 권리 보호에 관한 국제 협약, 장애인의 권리에 관한 협약 등에는 가입하지 않은 상태이다.[24] 북한은 앞서 말한 4대 국제인권협약에 가입함으로써 가입국의 의무인 협약의 이행 결과를 담은 국가 보고서를 제출하고 대표단을 파견해 심의를 받아야 했다. 북한의 이러한 국가 보고서 제출은 인권 보장을 홍보하는 수단으로 활용해 국제사회의 압력을 완화하기 위한 전술적 판단에서 실행되었던 것으로 평가받을 수 있다. 왜냐하면 2003년 유엔 인권위원회에 의해 상정된 북한 인권결의안에 대해 북한은 자신들이 유엔 자유권 규약 위원회에 국가 보고서를 제출하는 등 적극적으로 협조해왔음을 주장하면서 강력하게 반발한 사례가 있기 때문이다.[25] 그러나 북한은 2007년 이래 가입 중인 4개 인권 조약에 대해 국가 보고서를 제출하지 않고 있다.

북한은 국제 인권 규약에 의한 국가 보고서 제출 의무를 이행해왔다. 1998년 5월에 아동권리위원회에 최초 보고서를 제출했다. 이후 2000년 3월 17년 만에 국가 인권 보고서를 유엔 인권이사회에 제출했고, 아동

24 각주 4의 〈표 4-1〉 참조.
25 김은옥, 「유엔 인권 레짐에 대한 북한의 대응과 우리의 전략」, 7~8쪽.

인권 규약과 여성 인권 규약에 따른 국가 인권 보고서도 각각 제출해 해당 규약 심사위원회의 심의를 받기도 했다. 2004년에는 아동권리위원회 위원 두 명과 여성 폭력 특별보고관 등 유엔 인권 기구의 관련자를 선별적으로 북한에 초청하기도 했다. 이는 유엔헌장에 기초한 유엔 인권위원회의 결의안에 의해 임명된 북한 인권 특별보고관의 입국을 거부하는 태도와는 달리 유엔 인권 전문기구는 정치적 성격을 갖고 있지 않다는 북한의 판단에 따른 것으로 보인다.

주목되는 변화는 북한이 유엔 차원의 기술협력을 선별적으로 수용하기도 했다는 점이다. 즉, 2001년 5월 북한 관리들은 제네바의 유엔 난민고등판무관실 본부를 방문해 유엔 난민협약과 유엔 난민고등판무관실의 활동에 대한 교육을 이수했으며 난민법 세미나에도 참석했다. 북한이 2005년 11월 북한 변호사들을 대상으로 기획된 유엔의 각종 협약과 난민 및 국적 상실자 대처 방안 등에 관한 교육을 위해 유엔 법률가 두 명을 초청하기도 한 사실이 알려졌다.[26]

이처럼 북한은 유엔 인권법제에 대한 대응에서 과거와 달리 일정한 변화를 보이고 있다. 국제사회의 지원과 협력을 염두에 두면서 유엔 인권법제와 그에 기초한 의무를 체제 위협에 부담이 되지 않는 경우에는 선별적으로 수용했고, 동시에 인권 관련 국내법의 변화를 통해 유엔 인권법제의 내용을 수렴하는 전향적인 대응도 확인할 수 있다.

---

26 김수암, 「국제사회의 인권 제기에 대한 북한의 인식과 대응」, 348~349쪽.

3) 국내법의 변화를 통한 북한의 대응

북한은 대외적으로 국제사회의 인권 개선 요구와 압박을 내정간섭을 통한 체제 위협으로 규정해 강력하게 반발하는 거부 전술을 구사하면서도 다른 한편으로 국제 인권 규범을 선택적으로 수용해 온건한 대응을 취해왔다. 이런 대응은 서구 인권의 보편성을 거부하면서도 인권 관련 법제를 전향적으로 수용한 국내법의 변화를 통해서도 드러났다. 이는 국제적 기준에 상응해 최대한 국내법의 개혁을 도모해 국제사회의 더 많은 지원과 협력을 받으려는 의지로 추정된다. 당면한 북한의 경제난 타개를 위한 경제 건설을 원만하게 추진하려면 국제기구나 선진 서방국가들의 개발 지원과 투자가 매우 중요하다. 그리고 이들의 지원과 협력에 요구되는 주요 조건들에는 일반적으로 인권 존중이 포함되어 있다. 특히 중국이 인권 개선에 대한 국제사회의 요구에 상응해 인권 관련 국내 법제의 변화를 국제적 기준에 적합하게 점진적으로 추진해 개혁 개방에 적극 활용하였던 사례[27]가 북한 인권 관련 법제 변화에 상당한 시사점을 제공하면서 많은 영향을 미쳤다고 평가할 수 있다.

(1) 헌법 개정

북한은 이미 1998년 개정 헌법에서 거주 · 여행의 자유를 신설했다

---

27 민경배, 「개혁 개방에 따른 중국 인권법제의 변화와 북한에 대한 시사점」, 북한 인권연구센터 엮음, 『북한 인권 이해의 새로운 지평』(통일연구원, 2012), 361~414쪽.

(헌법 제75조). 이는 1997년 유엔 인권소위원회가 북한 주민에 대해 이동의 자유를 보장하도록 요구하며 채택한 결의안에 대응한 입법 행위로 해석된다. 2009년 헌법 개정에서 "로동자, 농민, 군인, 근로인테리와 모든 근로인민의 이익을 옹호하며 인권을 존중하고 보호한다"(헌법 제8조)는 규정을 신설함으로써 북한 헌법에 인권 보호 조항을 최초로 명문화했다. 이는 향후 대외 개방과 병행해 제기될 국제사회의 요구에 상응하는 인권 관련 개별법의 정비를 위한 중요한 헌법적 근거로 작용할 수 있는 것은 물론, 향후 국제 인권 레짐의 적극적인 참여에 주요한 규범적 도구로 활용될 수도 있을 것이다. 이러한 헌법 차원의 인권 보장은 이전까지 북한이 변호사법, 형사소송법, 인민보안단속법(구 사회안전단속법) 등의 단지 하위 개별 법령에서만 '인권'을 규정하고 있었다는 점을 감안하면 북한 입법사의 획기적 변화로 평가받을 수 있다.[28] 다만 헌법의 인권 존중과 보호 조항이 헌법 제63조가 규정하고 있는 "'하나는 전체를 위하여, 전체는 하나를 위하여'라는 집단주의 원칙"과 제3조의 '주체사상·선군사상'을 전제로 한다는 점을 고려할 때 향후 북한 주민에 대한 실천적 법제 변화로 발전할 것인지는 주목할 필요가 있다. 중국의 인권보장 조항 신설[29]에 따른 영향으로 국제사회의 비난을 염두에 둔 법제적 대응에 지나지 않는다고 단순하게 평가할 수도 있다. 하지만 북한 헌법의 인권 보호 조항 신설은 향후 개혁 개방 과정에서 경제 건설의 목표

---

28 이규창, 「김정은 후계 구도하의 북한 인권법제 분석과 평가」, 법제처 엮음, 『2011년 남북법제 연구보고서』(법제처, 2011), 234쪽.

29 민경배, 「개혁 개방에 따른 중국 인권법제의 변화와 북한에 대한 시사점」, 381~382쪽.

를 실현하기 위해 각종 국제인권협약에 가입해 남한을 비롯한 서방세계의 적극적인 지원과 협력을 견인하는 법적 수단이 될 수도 있을 것이다.

(2) 시민적·정치적 권리 관련 법제

① 형법 및 형사소송법의 개정[30]

형사법은 사회주의 국가에서 발생한 인권침해와 관련해 언제나 비난의 중심에서 벗어나지 않았다. 형사 피의자의 인권 보호를 위해 전통 사회주의 국가에서 일반적으로 인정되어왔던 유추해석의 원칙이 2004년 북한에서 형법 개정을 통해 폐지되면서, 근대 형법의 일반 원칙인 죄형법정주의가 채택되었다. 이는 1997년 유엔 인권소위원회가 북한 주민에 대해 이동의 자유를 보장하도록 요구하면서 채택한 결의안에 대응한 입법 행위로 해석될 수 있다. 그러나 시장 기능의 도입에 따라 나타난 범죄행위의 증가와 새로운 범법 행위의 출현에 대응해 2007년에 형벌을 더 강화한 개별적 형법 부칙이 제정되면서, 인권 개선에 역행하는 법제적 대응을 보이기도 했다. 즉, 모든 범죄행위에 대해 심지어 사형까지 부과할 수 있게 한 형사법제의 변화는 죄형법정주의의 원칙을 심히 손상하는 과거 회귀적인 법제적 반응이라 평가할 수 있다. 2009년 형법 개정에서 탈북자의 법정형을 상향 조정하는 것(제233조 비법국경출입죄)을

---

30 북한 형사법제와 인권의 상호 관계에 대해서는 최석윤, 「북한 형법과 인권」, ≪형사정책 연구≫, 13권 4호(2002), 185~212쪽; 제성호, 「북한의 형사법제와 국제 인권 규약」, ≪서울국제법연구≫, 8권 1호(2001), 37~56쪽 참조.

비롯해 또다시 인권 보장에 역행하는 내용을 보이고 있다.

2004년 형사소송법을 개정해 체포와 구속 절차, 고문 및 비인도적 행위 금지 등 형사 관련 법률 체계를 정비했으며, 특히 국제 인권 단체들의 관심 대상이었던 범죄인을 체포할 경우 가족에 대한 고지의무를 명문화했다(제183조).[31]

② 인민보안단속법의 개정

사회안전단속법을 개정해 인민보안단속법이라 명명한 이 법에서는 구법에 비해 인권 보호의 강화를 확인할 수 있다. 그 예로는 우선 법질서 위반 단속에서 인민보안원의 신분과 단속 이유 고지의무 규정, 법질서 위반자 억류 시 24시간 이내 검사, 위반자의 가족과 직장 또는 거주지 사무소에 대한 고지의무 신설, 산전 3개월·산후 7개월까지의 여성과 중병·전염성 질병 환자에 대한 억류 금지 조항 추가, 법질서 위반자의 검신의 경우 두 명의 입회인을 요하는 규정 추가 등이 있다.

(3) 경제적·사회적·문화적 권리 관련 법제

① 노동보호법의 제정

북한은 2010년 노동보호법[32]을 새로이 제정해 시행하고 있는데, 이

---

31 통일연구원, 『2006 북한 인권백서』(통일연구원, 2006), 39쪽.
32 해당 조문은 장명봉 엮음, 『최신 북한법령집』(북한법연구회, 2011), 991~997쪽 참조.

는 기존 사회주의 노동법에 비해 근로자의 인권 보호 면에서 진일보한 것으로 평가할 수 있다. 특히 노동보호법 제정은 2009년 헌법 개정에서 신설한 '인권 존중 및 보호' 규정을 하위 법령에서 구체화한 첫 입법 사례로 평가받고 있다.[33] 다만 그동안 사회주의 노동법에서는 노동보호 용구 및 작업 필수품을 무상 공급으로 규정했던 것이 노동보호법에서는 무상 또는 유상 공급으로 규정되었다. 과거와 달리 노동보호 물자에 대해 유상의 가능성을 열어둠으로써 반인권적인 요소로 작용할 수도 있을 것이다.

② 노동정량법의 제정

북한은 2009년 '노동의 과학적·합리적 조직과 효과성 제고'를 위해 노동정량법을 제정했는데, 이는 공정한 기준 및 절차에 따른 평가, 그리고 평가에 대한 보수 지불 제도를 강화함으로써 근로자 인권에 기여한 것으로 판단된다. 그러나 노동 정량의 적용에서 분배보다는 노동 생산 능률을 중시함으로써 근로자들 사이에 경쟁심을 촉발하는 이 법은 노동 생산성을 높이고 이를 통해 사회주의 경제 건설을 앞당긴다는 의도에 무게를 두고 있어 북한 근로자들의 노동 인권에 반한다는 비판이 제기될 수 있다.[34]

---

33 이규창, 『2009년 헌법 개정 이후 북한 노동법제 동향: 제정 노동보호법 및 노동정량법의 분석과 평가』(통일연구원, 2011), 1쪽.
34 같은 책, 19~20쪽.

(4) 여성권리보장법[35]의 제정

2001년 여성 차별 철폐 협약의 가입국이 된 북한은 인신매매 금지를 위한 입법 등 유엔 여성 차별 철폐 협약 규정 및 여성차별철폐위원회 권고를 일부 긍정적으로 수용해 2010년 여성권리보장법을 제정했다. 이법은 여성의 권리와 보호를 확인하고 이를 더욱 구체화했으며, 다산을 장려하고 다자녀 어린이를 둔 여성의 생활보호를 강화했다. 또한 여성권리보장법은 권고 의견을 반영해 해당 조항을 신설하거나 선행 관련 법령을 한층 구체적으로 조문화했다. 이러한 입법 작업은 유엔의 여성권 관련 기구를 비롯한 국제사회의 규탄 및 개선 촉구를 의식한 결과라고 판단된다. 여성권리보장법에서 북한이 가입한 관련 국제 협약은 국내법과 같은 효력을 가진다고 명시함으로써 국제 협약 이행의 의지를 부각하고 있다. 여성권리보장법 제10조는 "녀성 권리와 관련하여 우리나라가 가입한 국제 협약은 이 법과 같은 효력을 가진다"라고 규정하고 있다.

(5) 아동권리보장법[36]의 제정

북한은 1990년에 아동 권리 협약을 비준했음에도 오랫동안 아동 권리를 규율하는 국내 단일법 제정을 미루어오다 2010년에 아동권리보장

---

35 해당 조문은 장명봉 엮음, 『최신 북한법령집』, 1014~1018쪽 참조.
36 임순희 · 김수암 · 이규창, 『북한의 여성권 · 아동권 관련 법 제정 동향(통일정세분석 2011년 8월)』(통일연구원, 2011) 참조. 해당 조문은 장명봉 엮음, 『최신 북한법령집』, 1009~1013쪽 참조.

법을 제정했다. 이를 통해 가족법 등 여러 부문 법에 분산되어 있던 아동 권리 신장에 관한 규정들을 집대성해 아동 권리에 대한 독자적인 입법을 처음으로 추진했다. 이는 동시에 아동권리협약위원회의 권고 의견을 반영한 것이기도 했다. 아동권리보장법 제9조는 "국가는 아동 권리 보장 분야에서 다른 나라, 국제기구들과의 교류와 협조를 발전시킨다"고 규정해 아동의 권리와 연관된 국제기구를 비롯한 외부 세계의 지적이나 권고를 적극적으로 수용하고 반영함으로써 아동 권리와 관련한 문제의 해결을 위해 상호 협의할 수 있다는 여지를 드러냈다.

(6) 장애자보호법의 제정

장애인의 모든 인권과 기본적 자유를 완전하고 동등하게 향유하도록 증진·보호 및 보장하고, 장애인의 천부적 존엄성에 대한 존중을 증진하는 것을 목적으로 탄생한 장애인 권리 협약은 사회부조가 요구되는 장애인의 인권 구현을 위해 국제적 차원에서 국가가 장애인의 권리를 보장할 의무를 부여했다는 점에서 상당한 의미가 있다.[37] 북한은 2003년 장애자보호법을 제정했는데, 이는 2006년 12월 13일 장애인 권리 협약 제정과 그 선택 의정서가 채택되기 이전의 진일보한 입법으로 평가할 수 있다. 그러나 북한 장애자보호법은 선언적 규정이 많고, 구체성 결여로 규정 내용이 추상적이다. 그럼에도 사회주의 특성상 장애자보호법에는 장애인의 무상교육 실시, 무상 치료 보장 등이 포함되어 있다.

---

[37] 변용찬 외, 『UN 장애인 권리 협약 연구』(남한보건사회연구원, 2006), 10쪽.

이처럼 북한은 유엔의 요구와 압력에 이원적으로 대응하고 있어, 유엔 인권법제에 대한 북한의 인식과 대응이 무엇이고 어떤 목표를 지향하고 있는지 명확하지 않다. 다만 노동당의 영도 원칙, 즉 현재의 정치체제를 고수할 수 있는 조건이 그대로 유지되는 한 북한의 인권과 주권, 즉 인권의 국가 자주권 원칙에는 어떤 후퇴나 양보도 기대하기 어려운 것으로 판단된다.

그럼에도 유엔 인권법제에 대해 북한의 대응은 점차 바뀔 수밖에 없을 것이다. 당면하고 있는 경제난을 해결하기 위한 경제 건설 과정에서 남한을 포함한 외부 협력이 필수적이기 때문이다. 즉, 경제 건설을 위해서는 외부로부터 투자를 견인할 수 있는 개혁 개방이 불가피하다. 개혁 개방은 국내 사회구조 변화와 세계화 체제로의 편입을 의미하며, 이는 인권과 밀접한 인과관계를 구축할 수밖에 없다. 즉, 경제 발전의 효과적인 성과를 위해서는 국내외 신뢰를 확보할 수 있는 다양한 영역의 법제화가 요구된다. 인권 문제와 법제 구축은 불가분의 관계를 형성하게 되어, 법제 건설의 확립 없이 인권 보장은 실현할 수 없게 된다. 결국 개혁 개방은 국내외적 환경 변화를 야기하고, 이는 인권 보장에 대한 국내 법제화를 직간접적으로 견인하게 된다는 사실을 확인할 수 있다. 이러한 상황을 전제로 북한의 인권 관련 법제는 유엔 인권법제 기준에 맞게 점진적으로나마 변화되어야 할 것이고, 이를 위해 우리 정부도 상응하는 적절한 정책을 마련해야 할 것으로 보인다.

4. 북한 인권 관련 법제의 변화 방안과 남한의 정책적 대안

1) 북한 인권 관련 법제의 변화 방안

의도가 어떻든 간에 북한은 1981년 9월에 시민적 · 정치적 권리에 관한 국제 규약(B 규약) 및 경제적 · 사회적 · 문화적 권리에 관한 국제 규약(A 규약)에 가입했다. 또한 북한 인권 상황의 개선에 대한 유엔을 포함한 국제사회의 강력한 요구에 따른 북한 인권 관련 법제의 변화는 시민적 권리, 즉 거주 · 여행의 자유, 나아가 헌법 차원의 인권 보호 조항 신설에서도 확인할 수 있다. 특히 2004년 형법 개정을 통해 죄형법정주의 원칙을 확립하는 등 형사 관련 법률 체계의 정비와 인민보안단속법의 개정 등을 통해 외견상 상당히 인권 친화적인 방향으로 변화했다. 그러나 헌법상 허용된 시민적 권리가 하위 법의 불비로 제대로 기능을 발휘하지 못하고 있다. 이는 당의 영도 원칙과 '우리식' 인권관에 기초한 정치체제에 대한 개혁을 요구할 수 있는 환경 자체가 조성될 수 없는 북한의 제도적 한계라 할 수 있다. 이미 앞에서 살펴보았듯이 북한은 사회적 권리를 보장하는 법제가 상당히 마련되어 있지만 경제 건설과 핵 무력 건설의 '병진노선'이라는 정치적 상황과 경제적 조건 때문에 사회적 인권이 열악한 상황에 놓여 있다. 따라서 북한은 개혁 개방을 통해 일정한 경제적 성과와 효율을 축적한 것을 바탕으로 북한 주민의 사회적 권리 보장을 점진적으로 제고할 수 있는 법제를 운용하는 것이 바람직할 것이다.

이미 북한은 인권 문제와 관련해 국제법적 쟁점의 대상으로 부상해 있다. 북한은 인권을 보편적인 측면에서 이해하기보다는 문화적 상대성 또는 특수성에 중점을 두어 이해하고 있다. 국제법적으로 인권에 대한 명확한 기준이 설정되어 있지 않은 상태에서 미국과 서방국가들의 인권관과 기준을 가지고 다른 나라들의 인권 상황을 평가하면서 비판하고 있기 때문에 인권 기준에 대한 명확한 국제적 견해를 정립할 필요가 있다는 것이 북한의 주장이다. 그럼에도 북한은 B 규약과 A 규약 외에도 아동 권리 협약, 여성 차별 철폐 협약의 당사자라는 점에서 '국제적으로 공인된 인권 기준'을 어느 정도 수용하고 있다. 다만 유엔 인권 규범과 북한 국내법이 상호 충돌하는 상황을 피하기 위한 법제적 대응이 부족하다. 경제 건설을 위한 개혁 개방 정책의 실행과 성공적인 진행에는 점진적이나마 유엔 인권 규범의 수용과 이행이 요구되기 때문에 북한의 지혜로운 인권 관련 법제 사업이 요구된다.

2) 남한의 정책적 대안

우선 우리의 통일 정책이 실용적으로 변화하려면 추상적인 논의에서 벗어나 이산가족 상봉과 같은 구체적인 인권 문제에 집중해야 한다. 초기 대결적 정책에서 벗어나 인적 접촉, 인적 교류 확대, 경제 지원, 통일로 한 단계씩 나아간 독일통일의 사례는 정부가 추진하고 있는 '한반도 신뢰 프로세스'가 북한의 인권 문제를 핵심 사안으로 삼아야 한다는 교훈을 제시하고 있다.[38] 남한의 정책적 목표는 북한의 사회주의 독재정치체제를 인정하면서 북한의 대내 개혁과 대외 개방이 성공적인 성과를 거둘 수 있도록 협력하고, 개혁 개방 과정에서 요구되는 북한의 인권 개선을 위한 법제 구축을 적극 지원하는 데 두어야 할 것이다. 북한의 개혁 개방으로의 전환과 실천에서 인권과 관련해 남한이 간섭하고 비난하는 정책은 남북한의 인도적 협력마저도 차단해버리는 결과로 나타날 수도 있다는 사실이 이명박 정부의 대북 정책에서 이미 확인되었다. 따라서 현재 논의되고 있는 '북한 인권법'[39] 제정이 북한 주민의 인권 개선에 실효성이 있을지 불투명한 것으로 판단된다. 즉, 북한의 인권 개선을 위한 남한의 정책은 사실상 적대 관계에 있는 북한의 인권 문제에 접근하는 과정에서 상호 신뢰 관계 조성을 염두에 두면서 다양한 방법들을 채택해 조화롭게 추진하는 전술이 필요하다. 북한의 정치체제를 인정하면서 북한 인권법제 개선을 위해 남한 정부가 지속적으로 노력할 수 있는 몇 가지 정책적 대안을 제시한다.

첫째, 북한 주민 개인의 권리 보장이 우선할 수 있도록 국제사회를 향한 지속적인 협력과 노력을 기울여야 할 것이다. 이는 사회주의법 체제가 구체적인 개인의 권리 보장보다는 체제에 위협이 되는 요소들을 차

---

38 안지호 외, 『서독의 대동독 인권 정책』(통일연구원, 2013), 139쪽.

39 여당이 제안한 '북한 인권법'의 핵심 내용은 북한 인권 기록보존소와 북한 인권 재단 설립을 담고 있는데, 북한 인권 기록보존소의 역할은 이미 여러 기관과 민간단체가 정부 예산의 지원으로 수행하고 있으며, 설립될 북한 인권 재단을 통해 특정 시민 단체에 집중적으로 예산을 지원하는 데 악용될 여지마저 있다. 북한 인권법을 통해 북한에 가해지는 요구, 비판, 압박 등은 북한 인권을 개선하기보다는 남북한의 상호 불신과 북한의 반발을 야기하는 악순환을 초래할 수도 있다. 즉, 북한 인권법이 북한 제재법으로 기능할 위험이 존재한다.

단하는 것에 중점을 두고 있기 때문이다. 개인의 권리 보호를 위한 법률보다 당과 국가권력이 더욱 중요한 영향력을 행사하고 있는 것이다. 남한 정부는 전체적인 경제·사회구조의 변화 양상을 고려해 이러한 논의들이 적용될 수 있는 구체적 방안을 모색하고 연구해야 한다.[40] 국제적인 관심과 비판도 개인의 권리 보장보다 국가권력 행사를 우선하는 데 어느 정도 억제 효과를 기대할 수 있겠지만, 이는 북한 내에 독립된 사법제도의 확립이 전제되었을 때 가능한 것이다. 이를 북한에 기대하는 것은 현실적으로 쉽지 않다. 따라서 이러한 괴리를 좁히는 몇 가지 조치를 남한의 정치계, 학계, 실무계가 장기적인 안목을 갖고 함께 다방면으로 추진하는 노력이 필요하다.

둘째, 학계에서는 남북한 학자 간 형사법 운용에 관한 공동 연구나 학술 교류를 성사시키고, 이를 활성화해 상호 간의 법 문화에 대한 이해의 폭을 넓히고, 북한 학자에게 국제적 기준의 인권 의식을 갖추도록 하는 계기를 마련해야 한다.

셋째, 남북한 법조 실무 인력의 교류·협력이다. 법조 실무에서 남북의 판사, 검사, 사법경찰 간에 상호 인적 교류를 추진해 상호 간의 체험을 통해 인권 개선을 도모하는 것이다. 그것이 당장 실현되기는 어렵겠지만 그 첫 단계로 남북한 주민이 같이 거주하면서 공동으로 작업하는 개성공단이나 금강산 관광특구 같은 지역에서 남북한 주민 간에 폭력 사건이 발생하는 등 양측 공동 관심사의 범죄행위가 발생했을 경우에

---

40 이금순·김수암, 『개혁·개방과정에서 인권의제: 이론과 실제』(통일연구원, 2006), 192쪽.

남북한 양측 사법경찰이 공동으로 수사하고, 기소 단계에서는 양측 검사들이 공동으로 기소해 공소 유지를 하며, 재판도 양측 판사가 공동으로 진행하는 방식의 체험 기회를 갖도록 지속적으로 노력할 필요가 있다. 이러한 체험을 통해서 상호 간 인권 증진을 도모하는 길을 모색해볼 수 있을 것이다.

넷째, 법조인 양성을 통해 인권 신장을 확대하는 것이다. 즉, 법률 전문가 양성 시스템의 구축이다. 법의 정신에 입각해 합리적이고 양심적으로 입법을 하고, 또 이를 적용할 수 있는 법률 전문가의 양성이 시급하다. 정의롭고 법치주의 정신에 입각한 입법을 하기 위해서는 그러한 신념과 전문적인 식견을 가진 법률 전문가가 필요하기 때문이다.[41]

5. 맺으며

향후 북한 인권 문제에 대해 유엔 차원에서의 관여와 압박은 갈수록 빈번해질 것으로 전망된다. 이는 북한 인권조사위원회 조사단이 남한에 입국해 적극적으로 북한 인권 상황에 대한 자료와 정보를 수집하고 최종적으로 북한의 반인도 범죄를 국제형사재판소에 제소해야 한다는 보고서를 제출해 전 세계의 주목을 받은 데서도 확인할 수 있다. 탈북자가 대폭적으로 증가하거나, 북한 내부의 더 많은 정보가 쉽게 외부로 흘

---

[41] 민경배, 「개혁 개방에 따른 중국 인권법제의 변화와 북한에 대한 시사점」, 406~408쪽.

러나온다면 유엔을 비롯한 국제 인권 단체들의 압박은 더욱 거세질 수밖에 없다. 그래서 북한은 자신의 인권 문제에 대한 대응을 모색해야만 한다.

북한은 핵실험, 미사일 발사로 인한 유엔 등 국제사회의 제재 속에서 현 단계에서 외부 지원을 획득할 수 있는 유일한 통로가 유엔 기구임에도 관련 유엔 활동에 적극적으로 협력할 수 있는 상황이 아니다. 그렇다고 북한이 유엔의 인권법제를 현재의 북한 체제에서 무조건 받아들이는 것 역시 상상할 수 없는 일이다. 북한은 여전히 유엔 인권법제를 통해 자신의 인권 문제에 대한 간섭과 압박을 가하는 것이 미국의 의도로서 궁극적으로 북한의 체제 전복을 위한 강력한 도구로 활용되고 있다고 여긴다. 북한은 지금처럼 거부와 수용이라는 이원적 대응을 유지할 것으로 예상된다. 따라서 현 단계에서 유엔 인권법제의 전면적 수용 강요나 인권을 도구로 삼은 체제전환의 시도 등은 성공하기 어려울 것이다. 왜냐하면 북한은 핵 개발과 세습 독재 체제로 이미 국제사회로부터의 고립에 대한 면역력이 높아졌기 때문이다.

그러면 이에 대한 대책으로 남한은 무엇을 할 것인가. 남한이 아무런 행동도 취하지 않고 마냥 상황을 방관만 하고 있을 처지는 아니지 않은가. '남북 관계 발전에 관한 법률' 제9조 제1항에는 정부가 한반도 분단으로 인한 인도적 문제 해결과 인권 개선을 위해 노력하도록 규정되어 있다. 그래서 우선 거시적인 차원에서 북한이 유엔의 인권 압박에 지금까지와는 달리 더 유연하게 대처할 수 있도록 유도하는 정책 개발에 대한 논의를 남한 정부가 더욱 적극적으로 추진해야 한다. 동시에 미시적인 차원에서 북한의 인권 문제를 해결할 구체적이고도 명확한 협상의 장을 마련하기 위해 북한의 이해를 이끌어낼 수 있는 냉철한 지혜와 협상 전략이 필요하다. 예컨대 개성공단의 폐쇄라는 위기 상황에서 이산가족 상봉이라는 성과를 거두지 않았는가. 이러한 노력과 정책 개발은 '남북 관계 발전에 관한 법률' 제2조 제1항이 규정하고 있는 "남북 관계의 발전은 …… 남북 공동 번영과 한반도의 평화통일을 추구하는 방향으로 추진되어야 하는" 정신에도 부합할 것이다.

참고문헌

1. 국내 문헌

1) 단행본

박찬운. 2011. 『인권법』. 한울.

변용찬·임성은·이익섭·조형석. 2006. 『UN 장애인 권리 협약 연구』. 남한보건
　　　사회연구원.

안지호 외. 2013. 『서독의 대동독 인권 정책』. 통일연구원.

이규창. 2011. 『2009년 헌법 개정 이후 북한 노동법제 동향: 제정 노동보호법 및
　　　노동정량법의 분석과 평가』. 통일연구원.

이금순·김수암. 2006. 『개혁·개방과정에서 인권의제: 이론과 실제』. 통일연구원.

임순희·김수암·이규창. 2011. 『북한의 여성권·아동권 관련 법 제정 동향』. 통
　　　일연구원.

장명봉 엮음. 2011. 『최신 북한법령집』. 북한법연구회.

통일연구원. 2006. 『2006 북한 인권백서』. 통일연구원.

2) 논문

김수암. 2007. 「국제사회의 인권 제기에 대한 북한의 인식과 대응」. 국가인권위원
　　　회 엮음. 『북한 인권 관련 국가, 국제기구 및 INGO의 동향 분석』. 국가인
　　　권위원회.

김은옥. 2011. 「유엔 인권 레짐에 대한 북한의 대응과 우리의 전략」. ≪IDP 정책
　　　연구≫, 9호, 1~33쪽.

김일기. 2011. 「국제사회의 인권 개입과 북한의 대응 전략」. ≪동북아연구≫, 26권
　　　2호, 129~147쪽.

민경배. 2012. 「개혁 개방에 따른 중국 인권법제의 변화와 북한에 대한 시사점」.
　　　북한 인권연구센터 엮음. 『북한 인권 이해의 새로운 지평』. 통일연구원.

백진현. 1998. 「UN의 인권 보호 체제」. ≪국제인권법≫, 2호, 1~18쪽.

이규창. 2011. 「김정은 후계 구도하의 북한 인권법제 분석과 평가」. 법제처 엮음.

『2011년 남북법제 연구보고서』. 법제처.

_____. 2011. 「북한의 최근 인권 관련 법제의 동향과 분석 및 평가」. 제170회 북
한법연구회 월례발표회(2011.10.28).

이원웅. 2007. 「국제사회 인권 압력에 대한 북한의 인식과 대응」. ≪국제정치논총≫,
47권 1호, 215~233쪽.

제성호. 2001. 「북한의 형사법제와 국제 인권 규약」. ≪서울국제법연구≫, 8권 1호,
37~56쪽.

최석윤. 2002. 「북한 형법과 인권」. ≪형사정책 연구≫, 13권 4호, 185~214쪽.

3) 신문 및 기타

≪연합뉴스≫. 2013.3.22.

_____. 2014.2.18.

≪통일뉴스≫. 2013.3.23.

2. 북한 문헌

1) 단행본

조선민주주의인민공화국 사회과학원 법학연구소. 2002. 『국제법사전』. 평양: 사
회과학출판사.

2) 논문

김억락. 1997. 「인권의 본질에 대한 주체적 리해」. ≪김일성종합대학학보: 력사·법
학≫, 43권 4호, 42~47쪽.

리광혁. 2010. 「제국주의자들의 '인권 옹호' 궤변의 반동적 본질」. ≪정치법률연
구≫, 3호(루계 31호), 29~30쪽.

한영서. 2008. 「국가 자주권 존중은 국제기구 활동에서 지켜야 할 근본 원칙」.
≪김일성종합대학학보: 력사·법학≫, 54권 1호, 66~70쪽.

_____. 2010. 「인권 보장과 관련한 국제법적 제도에 대한 리해」. ≪김일성종합대
학학보: 력사·법학≫, 55권 4호, 132~136쪽.

제5장

분단국의 체제전환에 대한 글로벌 거버넌스의 관여

북한의 법제적 인식과 대응

최은석 · 김동엽

1. 서론

이 장은 분단국이 갖는 특수한 환경과 그러한 환경하에서 독자적인 법률제도를 갖게 된 국가적 배경에 따른 법제도적 특징을 알아보고, 이와 같은 분단국가의 체제전환 과정 속에서 글로벌 거버넌스 기구를 통한 법제 지원은 어떻게 진행되어왔는지, 그리고 이러한 글로벌 거버넌스의 관여에 따른 역할과 기능에 대해 북한 차원에서의 법제적 인식과 대응은 어떠했는지 고찰하는 것을 목적으로 한다. 이러한 분석은 북한이 처한 환경에 맞는 글로벌 차원에서의 향후 협력적 거버넌스의 방향을 알아보고 나아가 북한에 대한 우리의 인식을 올바로 하기 위해 시도되었다.

분단국의 체제전환에서 글로벌 거버넌스 차원의 법제를 비롯한 각종 경제적 지원들은 해당 국가에 많은 영향을 주게 되었는데 이러한 관여에 대해 북한의 법제적 인식은 부정적인 것으로 평가되어왔다.[1]

일반적으로 국제사회에서의 개발 지원은 제2차 세계대전 종결 이후 저개발국을 비롯한 체제전환을 원하는 국가들에게 지원을 해주는 일에서 본격적으로 시작되었으므로 지금까지 60여 년 이상의 역사가 있다고 할 수 있다. 개발 지원은 지원을 받는 일개의 국가뿐 아니라 분단국가의 체제전환 이행기에서도 법제 지원의 형태로 존재했다. 따라서 그동안의 글로벌 거버넌스 지원을 받는 수원국의 경험, 개발 이론은 국제적으로 표준이 되는 이론, 정책 추진 원칙, 실무 체계 등을 기초로 존재해왔다. 경우에 따라서는 주요 국가에는 원조에 관한 정책을 결정하고 추진하기 위한 행정 체계가 별도로 존재해왔음을 알 수 있다.[2]

이 장에서는 분단국의 체제전환 과정에서 글로벌 거버넌스의 행위자 중심으로 체제전환 이행 국가에 대한 법제 개혁의 지원과 일반화된 국제 협력 모델을 검토하고, 글로벌 거버넌스의 관여에 대한 북한의 법제적 인식과 그 대응을 살펴보고자 한다. 여기서 북한의 법제적 인식의 쟁점은 분단국가에 시장경제 친화적인 법제 개혁을 요청해온 글로벌 거버넌스의 개입이 될 것이다. 이러한 접근은 글로벌 거버넌스에 대한 북한의 법제적 인식과 대응을 고찰함으로써 북한의 글로벌 거버넌스 차원의

---

1 이와 관련해서는 임을출, 「동북아 개발 협력: 북한의 인식과 법제적 대응」, ≪통일정책연구≫, 19권 2호(2010), 237~269쪽 참조.

2 박형중 외, 『국제사회의 개발 지원 이론과 실제: 북한 개발 지원을 위한 모색』(통일연구원, 2008), 8쪽.

실행에 대한 정책적 시각을 파악하는 것이다.

그동안 국제사회는 글로벌 거버넌스 차원에서 북한의 시장경제 법제를 구축하기 위한 다양한 국제 개발 협력을 모색해왔다. 그러나 대북 지원을 비롯해 한국에서 개발 지원은 비교적 새로운 분야이다. 개발 지원에 관한 이론이나 실무는 한국이 대외 원조를 시작하면서부터 주목받기 시작했다.[3] 이 장에서는 먼저 분단국의 특수성과 글로벌 거버넌스의 역할론에 대한 내용을 간략히 살펴보고 북한의 법제 인식과 대응에 대해 고찰해보고자 한다.

2. 분단국의 특수성과 글로벌 거버넌스의 역할

1) 분단국의 특수성과 글로벌 거버넌스의 분단 극복 지원

일반적으로 분단국가(Divided Country)라 함은 전통적으로 하나의 국가였으나 전쟁이나 외세에 의해 분단된 후 한 개의 국가가 두 개의 정부에 의해 통치되는 국가를 말하며, '분열 국가'라고도 한다.

이러한 분단국가는 제2차 세계대전 후 강대국, 즉 미·소 대립 체제에 의해 양대 세력의 접점 지대에서 전략적인 요지, 특히 군사화에 공헌

---

3 국제사회의 대북 지원은 1995년에 시작되었고, 한국이 북한에 대한 지원을 본격적으로 시작한 것은 2000년 남북정상회담 이후이다. 그동안 국제사회와 한국의 대북 지원은 한국 내에서 주로 '인도 지원'이라는 개념으로 총괄 이해되었다(같은 책).

하는 지대에 속하는 나라가 어느 한 세력권에 들어가거나 어느 한 편에 예속될 수 없을 때, 미·소 또는 양대 세력권 국가가 분단해 점령하는 형태로 발전해 오늘날 볼 수 있는 별개의 정부를 구성하고 있는 국가를 말한다. 분단국가의 의미를 제대로 이해하기 위해서는 분단과 분할의 의미를 구분할 필요가 있다. 분단이란 두 개의 정부에 의해 통치될 때를 이르는 것이고, 분할이란 하나의 전통적인 정부가 유지되는 상태에서 영토만 나뉘는 것을 말한다. 따라서 분단국가의 예로는 남한과 북한, 과거 동독과 서독, 남베트남과 북베트남 등을 들 수 있다. 이 가운데 베트남은 오랜 전쟁 끝에 1975년 남베트남이 패망함으로써 분단 상태가 종결되었으며, 동독과 서독은 1990년 8월 31일 통일 조약 체결 이후 동년 10월 3일 동독이 서독에 편입되는 흡수통일을 이루었다.

독일 사례를 보면 양독 중심의 통일 문제, 즉 독일 정책은 서독의 동방 정책 및 동독의 서방 정책을 의미하는 것인데, 동독의 서방 정책은 독일사회주의 통일당(SED)이 서독에 대해 어떤 형태의 분단 및 통일의 입장을 취해왔는가를 말해준다. 결과적으로 동독의 서방 정책은 서독으로부터 동독의 국제법적 승인을 추구하는 것이라 할 수 있다.[4]

독일의 경우 냉전 시작과 동시에 전승국이 두 진영으로 편성되면서 각각의 세력은 동·서 독일 점령지를 기점으로 충돌하기 시작하는데 비슷한 시기에 한반도 문제도 복잡성을 띠기 시작했다. 초기 독일 연방 정

---

4 한국정치사회연구소 엮음, 『분단국의 통일 사례와 한반도 통일 과제』(프리마북스, 2011), 17~18쪽.

부는 분단을 원점으로 돌릴 통일 정책을 암중모색하면서 서방 통합에 국가 역량을 쏟는 가운데 1990년 독일 문제를 해결한 것이다. 한편 정전 협정으로 한반도에서도 남북은 각자의 체제 논리에 따라 발전해왔으나, 현재까지 한반도 문제는 진행 중이어서 분단을 원점으로 돌릴 단일 주권국가로의 복귀, 즉 (영토, 민족, 이데올로기의) 통일 문제를 해결하지 못하고 있는 실정이다.[5]

유엔은 회원국의 자격을 국가 단위로 규정하고 있으므로 동독·서독의 유엔 가입은 두 개의 국가로서 서로를 인정한 것이었으며, 이는 통일 국가의 존재를 법률적으로 폐기한 것이다. 그러나 분단은 정치적 결과이므로 두 개의 국가로 나뉠지라도, 통일국가의 형성은 1990년 동·서독의 통합과 같이 정치적인 협상이 더욱 큰 변수로 작용하기도 했다. 한반도 분단은 1945년 북위 38도선을 중심으로 남북으로 양분된 뒤 지금까지 유지되고 있으며, 1991년 남북이 유엔에 동시 가입한 상태이므로 한반도 역시 법률적인 의미에서는 두 개의 국가로 되어 있다. 다만, 남북기본합의서에서 정하고 있는 바와 같이 남북한 교류 협력은 국가가 아닌 민족 내부 간의 거래로 간주되고 있으며, 대한민국 헌법에서는 여전히 이북 지역을 미수복 지역으로 보고 있으므로 국제적으로는 두 개 국가이면서, 국내적으로는 한 개 국가를 지향하는 이중적 지위를 갖고 있다.[6] 따라서 남북 관계는 안정된 법적 기반 위에서 전개되고 있다고

---

5 같은 책.

6 대한민국의 헌법 해석으로 보면, 통일을 전제하고 있다는 것 자체가 1국가 1체제가 아님을 인정한 것이고, 따라서 1국가 2체제임을 공식 표현하고 있지는 않지만 분단 시점으로

확신할 수 없다. 남북 관계는 법적 관점에서 볼 때 전시(戰時)의 연장인 정전 체제하에 있으므로 상호 적대적인 관계를 전제로 법령 체제를 유지할 수밖에 없는 상황이다.[7]

글로벌 차원의 공동 노력으로 다양한 분야에서 다양한 행위자들과 연관되어 나타나는 문제에 대응하기 위한 시도는 1995년 유엔 글로벌 거버넌스 위원회(UN Commission on Global Governance)의 창설을 계기로 확대된다. 이를 계기로 글로벌 거버넌스가 세계적인 주목을 받게 된 것이다. 그리고 같은 해 발표된 위원회 보고서 「Our Global Neighborhood(세계는 이웃)」는 변화된 세계 질서에 대응하기 위한 도구로서 글로벌 거버넌스를 제안하면서 "기존의 정부 간 관계뿐 아니라 비정부기구, 다국적 기업, 세계 자본시장 등의 다양한 세력들을 포함하는 개념으로 글로벌 거버넌스가 제정되어야 한다"고 주장했다.[8]

이와 같은 글로벌 거버넌스의 출발은 저개발국을 비롯한 분단국 중 체제전환이 요청되는 국가들에 관심을 갖게 된 것으로 볼 수 있다. 어떤 면에서 볼 때 분단국에 대한 글로벌 거버넌스 차원의 국제 협력과 법제

볼 때 중국과 대만의 양안 관계보다 일찍이 일국양제(一國兩制) 형태를 취해왔다고 해석할 수 있다.

7 이러한 과거의 적대적 관계에서 유지되고 있는 대북 관련 법 체제는 남북 관계의 상황 변화에 따라 현실과 괴리될 수밖에 없는 실정에 놓이게 되었다. 그렇다고 법 체제나 법 운용을 탄력적으로 할 수도 없는 것이 현실이다. 남북 교류와 협력을 활성화하고 남북 관계를 통일 지향적인 방향으로 발전시켜나가기 위해서, 또한 새로운 남북 관계를 정립하기 위해서는 국내법적인 차원은 물론 국제법적인 차원에서 과제를 해결해나가는 자세가 필요하다. 따라서 분단국에 대한 글로벌 거버넌스의 역할론은 매우 중요할 수밖에 없다.

8 서창록, 『국제기구: 글로벌 거버넌스의 정치학』(다산출판사, 2007), 6~7쪽.

지원은 분단국 입장에서는 통일 또는 통합의 문제와 결부되어 있다. 따라서 일방의 국가는 여타 사회주의 국가가 자체적으로 체제를 전환하는 과정과는 다소 다른 면을 보여준다고 할 수 있다. 글로벌 차원에 스스로 합류하기 위해 체제전환 과정을 거치는 국가도 있을 뿐만 아니라, 국제 사회의 압력 내지 글로벌 수준으로 맞추지 않으면 세계경제 속에서 버텨낼 수 없다는 판단에 의해 타의로 체제를 전환하는 국가도 있을 것이다. 특히 분단국의 체제전환이 자본주의 국가와 사회주의 국가 간의 체제와 법의 상이성으로 인해 통합을 위한 체제전환 과정이라면, 사회주의 국가의 체제전환은 일개의 국가 스스로 세계 질서 속에 합류하기 위한 적절한 자기 선택이라는 점에서 다른 양상을 보인다. 남북한의 경우를 생각해보면 전자의 설명에 해당할 것이다.

간혹 현실주의자들은 국제기구가 현실주의적 세계에서 이행하는 역할을 크게 두 가지로 본다.[9] 첫째, 크게 논쟁적이지 않은 분야에서 미미하게 협력을 증진하는 것이다. 현실주의자들은 이해관계가 다양하거나 서로 대치되는 분야에서는 국제기구가 국가의 행위를 거의 통제할 수 없으며 국제 평화와 안보를 지키는 데 거의 제 역할을 할 수 없다고 본다.[10] 이렇듯 현실주의자들에게 글로벌 거버넌스 차원의 국제기구는 세계 정치의 가장자리에 있다고 할 수 있다.

둘째, 패권국이나 강대국의 이익을 대변하는 것이다. 특정한 목적을

---

9 국제기구의 역사에 대한 더 상세한 논의는 박재영, 『국제기구정치론』(법문사, 2007), 3~13쪽 참조.

10 서창록, 『국제기구: 글로벌 거버넌스의 정치학』, 22쪽.

이루거나 국제사회에서 발언권을 얻기 위해 국제기구를 이용하는 중소 국가들은 특정 국가의 행위를 억제할 수 없는 반면, 패권국이나 강대국 들은 국제기구가 자국의 이익에 큰 도움이 되지 못한다면 그들을 무시 하게 될 것이라는 관점이다.[11]

잘 알다시피 오늘날 국제기구는 다양한 국제 문제와 결부되어 관여 하고 있음을 부정할 수 없을 것이다. 예컨대 안보 및 평화 문제, 인권 문 제, 개발원조 문제, 환경문제 등 관여하지 않는 영역이 거의 없다고 이 해된다.[12] 특히 시간이 지나면서 주권의 성격은 국내 이슈와 국제 이슈 의 선이 불분명해짐에 따라 변화하고 있으며, 이는 글로벌 거버넌스를 세분화할 필요성에 대한 기여[13]를 하고 있다.

2) 분단국과 글로벌 거버넌스의 상관관계

냉전 종식 후 급격한 세계 질서의 변화에 직면해 '글로벌 거버넌스'라 는 말이 전 세계적으로 일상적인 용어가 되었다. 그렇지만 오늘날 정작 글로벌 거버넌스에 대한 합의된 정의가 없는 가운데 학자들도 다양한 견해로 해석하면서 이 말을 사용하고 있다.[14]

---

11 같은 책.

12 이와 관련해서는 박재영, 『국제기구정치론』, 415~540쪽 참조.

13 마가렛 P. 칸스·카렌 A. 밍스트, 『국제기구의 이해: 글로벌 거버넌스의 정치와 과정』, 김계동 외 옮김(명인문화사, 2007), 31쪽.

14 '거버넌스'와 관련된 이론 및 개념 소개에 관해서는 다음 문헌을 참조하기 바란다. 정은 숙, 『글로벌 거버넌스와 국제안보: 이슈와 행위자』(한울, 2012); Mark Bevir, *Key Concepts*

냉전 종식 이후 세계는 국가 간의 군사적·정치적 갈등에서 비롯되는 전통적 위협 외에도 특정 주권국가의 생존과 발전, 나아가 인류 전체의 안녕에 대한 이른바 비전통적 위협에 크게 노출되어 있다.[15] 이러한 문제들을 해결하기 위해 글로벌화된 세계의 역내 국가들이 일정한 글로벌 수준을 요청하게 됨에 따라 글로벌 거버넌스는 지역주의를 떠나 전 지구적 차원에서 국제 규범을 준수할 것을 요구해왔다.

글로벌 거버넌스는 "국가, 시장, 시민, 정부, 비정부기구 간의 공식·비공식적인 제도, 기제, 관계, 과정의 복합체로서 이를 통해 글로벌 차원에서의 집단적 이익 주창, 권리와 의무 관계 성립, 행위자 간 차이점 중재"가 이루어진다고 본다. 이처럼 국제정치학 개념으로서의 글로벌 거버넌스는 분단국 법체제 전환에 영향력을 행사하는 상관성을 갖게 되었다. 따라서 새로운 국제 질서와 국제정치에 대한 하나의 새로운 접근법으로 이해되고 분단국을 통합하는 과정에서 영향력을 행사한다는 점에서 그 파급효과는 적지 않다고 볼 수 있다. 그런 점에서 한 국가의 방향은 글로벌 거버넌스가 추구하는 정책 방향에 따라 전환될 소지가 있다.

적어도 국제적으로 가장 방대하고 분주하게 움직이는 글로벌 거버넌스의 주체는 유엔일 것이다. 기타 지역과 비정부기구 차원에서도 분단국의 문제뿐만 아니라 세계화 과정 속에 분출되는 여러 도전 과제들을 극복하기 위한 노력이 전개되고 있다. 요컨대 21세기 인류는 전통적 안

---

in Governance(London: Sage, 2009).

15 비전통적 위협은 테러리즘, 마약 밀매, 전염병, 해적, 불법 이민, 난민, 환경 안보, 에너지 안보, 경제 금융 안보, 정보 안보, 빈곤 등 다양한 형태로 나타난다(같은 책, 17쪽).

보 모델로는 이해나 대응이 어려운 다양한 안보 위협에 직면해 있고, 이에 따라 실천적으로나 이론적으로나 글로벌 거버넌스에 대한 관심이 고조되고 있다.

일반적으로 저개발국의 '경제개발(economic development)' 또는 '산업화·공업화(industrialization)' 과정은 전통적인 농업 부문에서 공업 부문으로 자원이 이전된다는 '이중경제 모델'에 의해 설명된다. 그러나 체제전환국의 경우에는 계획경제체제 아래에서 국영 부문과 시장경제 부문이 공존하기 때문에 '시장경제화'라는 과정이 추가된다. 이런 논리에 따라, 노동력과 같은 자원이 생산성이 낮은 농업 부문 및 국영 부문에서 생산성이 높은 민간 주도의 비국영 부문 혹은 민간 부문으로 옮겨가는 과정에 글로벌 거버넌스의 영향력이 적지 않게 작용한다고 평가된다.[16]

3) 체제전환국에 대한 글로벌 거버넌스의 역할과 기능

체제전환국에 대한 국제기구의 지원은 글로벌 거버넌스의 중요한 역할이며, 이러한 국제기구는 글로벌 거버넌스의 주체가 되고 있다. 여전히 많은 이론가들이 주권국가를 국제사회의 유일한 행위자로 보고, 국제기구는 단지 국가들이 자국의 이익을 추구하는 하나의 장이라고 설명

---

[16] 북한이 모델로 삼고 있는 것은 중국이다. 현재 김정은 정권하에서도 중국의 정치적 영향력하에 경제 관계를 적절히 유지하며 경제 강국 건설을 꾀하고 있는 것으로 볼 수 있다. 이와 관련해 더 자세한 사항은 Yoo Hyun Jeong, "North Korean Policy Towards China Under the Kim Jong-Un Regime", *Vantage Point: Developments in North Korea*, Vol. 36, No. 7(July, 2013), pp.48~57 참조.

하고 있지만, 다양한 형태의 국제기구가 독립적 행위자로서 글로벌 거버넌스의 주체가 되고 있는 것이 오늘날의 현실이다. 주권국가가 국제사회에서 유일한 행위자인지 아니면 비국가 조직 또는 개인이 국제사회에서 중요한 행위자가 될 수 있는지에 관한 문제는 현대 국제정치 이론의 중요한 논제로 대두되고 있다.[17]

과거에는 국제기구라고 하면 제일 먼저 떠오르는 것이 유엔이었다. 국가와 정부들이 상호 관계에 의해 설립한 국제기구에 초점을 맞추는 연구 경향에서, 민간인이나 시민사회 단체에 의한 비정부기구들이 탄생하면서 국제기구를 정부 간 기구와 비정부기구로 분류해 다루는 연구 결과들이 나오기 시작했다.[18]

이런 상황에서 글로벌 거버넌스에 대한 다양한 논의들이 긍정적인 측면과 부정적인 측면으로 양분되어 진행되어왔다. 다소 온건한 현실주의자들은 글로벌 거버넌스의 긍정적인 측면을 강조하고 있다.[19] 슈웰러(R. Schweller)와 프리에스(D. Priess)는 국제기구가 다음의 세 가지 중

---

17 서창록, 『국제기구: 글로벌 거버넌스의 정치학』, 7쪽.

18 최근 들어서는 국제기구를 조직만이 아니라 거버넌스(governance)의 측면에서 연구하기 시작했다. 다시 말해서 통치하는 조직인 '정부(government)'의 개념에서 발전해 통치를 위한 제도뿐 아니라 규칙, 규범, 협정 등 레짐의 측면에서 국제기구를 연구하는 경향으로 나아가고 있다(마가렛 P. 칸스·카렌 A. 밍스트, 『국제기구의 이해: 글로벌 거버넌스의 정치와 과정』, 옮긴이 서문).

19 현실주의적 시각에서 본 국제기구 협력에 대한 분석은 게임이론으로 설명되는데, 이는 무정부적 상황에서 협력이 발생하기가 왜 어려운지 보여준다. 현실주의자들과 자유주의자들이 협력의 발생 혹은 부재를 설명하기 위해 사용하는 게임이론도 팽팽하게 전개된다. 자유주의자들은 현실주의자들보다 국제기구가 국제 관계에 미치는 공헌도와 독립성에 대해서 좀 더 긍정적인 인식을 갖고 있다. 이에 대한 상세한 논의는 서창록, 『국제기구: 글로벌 거버넌스의 정치학』, 18~33쪽 참조.

요한 기능을 한다고 주장한다. 첫째, 국제기구는 강대국 단합의 장을 제공한다. 즉, 강대국들은 대체로 현존하는 국제 질서에서 이익을 얻고 따라서 그것을 유지하기를 원한다. 결국 글로벌 거버넌스는 현존하는 규칙과 기구 아래 활동하고 있으며, 강대국 간의 이해관계가 충돌할 경우 무용지물인 경우도 있지만, 그럼에도 강대국들이 국제사회의 다른 국가들을 조정하는 것을 용이하게 만든다. 둘째, 국제기구는 현존하는 질서에서 기본적인 원칙과 규범은 유지한 채 약간의 수정을 가하는 데 용이하다. 셋째, 국제기구는 국제사회화 수행자의 역할을 한다. 따라서 국제기구는 현존하는 질서를 정당화함으로써 지배당하고 있는 국가들의 현재 상태에 당위성을 갖게 한다는 점에서 글로벌 거버넌스의 역할과 기능을 강조한 측면을 보여준다.[20]

자유주의자들이 보기에 글로벌 거버넌스 차원의 역할론이 관심을 끄는 대목이 바로 경제적 번영과 세계적 복지를 증진한다는 점이다. 이념적으로 자유주의자들은 시장이 가장 효율적인 자원의 사용을 가능하게 하고 가장 효과적인 재화와 서비스를 생산한다고 믿기 때문이다. 또한 개인과 기업이 시장의 변화에 직접적으로 영향을 받고 가장 쉽게 적응할 수 있기 때문에 사적 소유와 사적 재산권이 그만큼 중요하다고 보고 있다. 개인과 기업은 국가나 정부와 비교해서 더 창의적이고 역동적이라는 점도 강조한다. 비교 우위에 기반을 둔 세계시장의 발전은 그 국적과 상관없이 많은 개인의 복지를 증진하고 그런 과정을 통해 세계 복지

---

20 같은 책, 23쪽.

에 기여한다는 점을 설득력 있게 보여준다.

이제 앞서 언급한 바와 같이, 체제 유지가 중요한 북한의 법제 인식하에서는 글로벌 거버넌스가 국가 자주권을 위협하는 국제사회의 공동 국제기구일 수밖에 없는 현실을 살펴보고자 한다.

3. 글로벌 거버넌스에 대한 북한의 법제 인식

1) 글로벌 거버넌스와 북한의 국가 자주권 존중 원칙

오늘날 세계화에 따라 지역 경제통합이 보편화되었다. 그렇다면 지역 통합 또는 경제통합에 대해 북한은 어떻게 생각하고 있는 것일까. 북한은 글로벌 거버넌스 차원에서 이러한 통합을 위해 여러 가지 경제적 지원을 하는 것은 물론 시장경제 제도와 같은 체제로 북한이 통합되기를 원하는 것이 아닐까 우려하고 있는 것으로 보인다.

따라서 북한은 국가 자주권 존중의 원칙을 매우 강하게 주장하며 국가주권은 본질적으로 정치적 지배권이라고 강조한다. 즉, 국가주권이 사회를 정치적으로 지배하고 관할하는 권력이라는 것이다. 다시 말해 국가주권이란 지배계급의 의사와 이익에 맞게 사람들을 통일적으로 관리하고 지위할 권한과 힘을 가리킨다.[21]

---

21 유경만, 「위대한 령도자 김정일 동지께서 밝혀주신 국가주권의 본질과 지위에 관한 주

국가주권이 정치적 지배권이라면 소유권은 경제적 지배권이다. 국가주권과 소유권은 사회적 권한이라는 점에서는 같지만 작용하는 정도는 서로 다르다.[22] 따라서 북한은 국가 간 힘의 논리에 의해 저개발국이 강대국과 같은 자본의 국제화 과정에서 영향을 받는다는 입장을 취하고 있다.[23]

국가 자주권은 국가 활동에서 모든 문제를 그 어떤 외세의 간섭 없이 독자적인 주견과 결심에 따라 나라의 구체적인 실정과 민족의 이익에 맞게 결정하고 처리하는 민족국가의 기본 권리다. 해당 국가의 독립성과 합법적 지위를 나타내는 기본 징표이며, 따라서 국가 자주권이 없는 나라는 사실상 참다운 자주독립 국가라고 말할 수 없다는 것이 북한의 입장이며, 이는 북한 문헌을 통해 확인할 수 있다.[24]

모든 국가들은 국제 무대에서 자주권을 행사할 수 있는 당당한 권리를 가진다. 이런 점에서 북한은 "국제 관계에서는 반드시 '호상성의 원

체의 리론」, ≪김일성종합대학학보: 력사 · 법학≫, 43권 2호(1997), 38쪽.

22 같은 글, 39쪽.

23 국제기구를 통한 저개발국에 대한 영향력 행사를 부정적으로 인식하고 있는 대표적인 북한의 자료는 다음과 같다. 한영서, 「국가 자주권 존중은 국제기구 활동에서 지켜야 할 근본 원칙」, ≪김일성종합대학학보: 력사 · 법학≫, 54권 1호(2008); 엄성남, 「미국은 국가 자주권과 인권을 침해하는 세계 최대의 범죄 국가」, ≪김일성종합대학학보: 력사 · 법률≫, 57권 4호(2011); 장명호, 「랭전 종식 후 국제기구를 통한 미제의 범죄적인 반공화국 책동의 반동적 본질」, ≪정치법률연구≫, 4호(2011); 태순철, 「자본주의 세계에서 로동력의 국제적 이동과 '부익부, 빈익빈'의 심화」, ≪경제연구≫, 1990년 4호; 최중삼, 「미제 주도의 국제경제 결탁 체제의 위기」, ≪경제연구≫, 1991년 2호; 박훈, 「심각한 위기에 직면한 제국주의 국제경제 결탁 관계」, ≪경제연구≫, 1992년 4호.

24 한영서, 「국가 자주권 존중은 국제기구 활동에서 지켜야 할 근본 원칙」, 66쪽.

칙'이 작용하게 되며, 민족이나 국가들이 자기의 자주권을 당당하게 행사하려면 외국과 외국인의 자주권을 존중"해야 한다고 강조한다. 다시 말해 국가 자주권을 존중한다는 것은 국가 상호 간 정치적 독립을 존중하며 주권국가의 합법적 지위와 존엄을 인정하고 주권국가의 자주권을 침해하지 않는다는 것을 의미한다. 국제기구들은 민족, 국가들의 자주권을 존중할 것을 전제로 창설되었는데, 현실은 그렇지 못하다는 것을 강조하고 있다는 점을 알 수 있다.[25]

예를 들어 제1차 세계대전 후 1919년 1월 18일 파리평화회의에 의해 1920년 2월 20일에 창설된 '국제련맹'에 대해 북한은 "'국가들 사이의 협조를 발전시키고 세계 평화와 안전을 보장하기 위하여 전쟁을 하지 않을 의무'를 지니는 것을 자기의 사명과 목적으로 규정했다. 이것은 국제련맹이 '나라들의 자주 주권을 존중함으로써 세계 평화와 안전을 유지·보장하는 것을 기본 의무 내지 원칙'으로 하고 있다고 할 것이다. 그러나 현실은 국제련맹이 제국주의 침략 세력의 연합체로서 세계 피압박민족, 국가들의 자주권을 짓밟는 도구에 지나지 않았다는 것을 실증해 주었다"[26]라고 역설했다.

선진 강대국이 글로벌이라는 명목하에 저개발국에 개방을 요구하고 무역 장벽을 철폐하는 것에 대해 북한의 기본적인 시각은 이렇다. "제국주의자들은 세계적 범위에서 정보·통신 기술의 급속한 흐름을 타고 상

---

25 같은 글.
26 같은 글.

품과 자본, 봉사의 이동이 날로 활발해지고 그 속에서 나라들 사이의 호상 의존성이 보다 심화되고 있는 것만큼 국경은 물론 관세 및 비관세 장벽과 같은 제도적이며 물리적인 제한 조건들은 한갓 장애물에 지나지 않는 것으로 되었다"[27]라고 주장한다. 그러면서 제국주의자들에 대해 "발전도상나라들이 무역의 '세계화'에 편승하게 되면 대외 시장 영역을 보다 확대하여 수출을 증대시키고 개방된 시장을 통해 수입도 보다 활발히 할 수 있다"[28]고 선전하고 있다고 평가한다. 이러한 평가는 다양한 글로벌 행위자들로부터 비롯된 외부의 영향 때문에 발전도상나라들이 손상을 받게 되었다는 주장에서 힘을 얻고 있다.[29] 글로벌 거버넌스의 영향력으로 인해 국가주권에 관한 문제가 직접적인 도전 과제로 자리매김하게 되었으며, 이는 국가가 내적인 자율성을 향유하고 어떠한 외부 권위체에도 종속될 수 없다는 규범이 1648년부터 현재까지 지속되고 있는 베스트팔렌 체제의 기본 원리가 되어왔다는 점을 상기시킨다. 일부 이론가들은 주권의 쇠퇴에 초점을 맞추는데, 그들은 주권이 과거 어느 시절에는 절대적인 것이었지만 최근 들어서는 국가 자체의 유약함 때문에, 또 세계화나 국제 인권 규범의 발전 및 다국적기업, 비정부기구, 글로벌 금융시장과 같은 다른 행위자들로부터 비롯되는 외부의 영향 때문에 주권이 손상을 받게 되었다고 주장한다.[30]

---

27 리성규, 「제국주의자들에 의한 무역의 '세계화' 책동과 그를 반대하는 발전도상나라들의 투쟁」, ≪경제연구≫, 2002년 3호, 50쪽.

28 같은 글.

29 마가렛 P. 칸스·카렌 A. 밍스트, 『국제기구의 이해: 글로벌 거버넌스의 정치와 과정』, 31쪽.

더욱이 이러한 논리에 따라 북한은 "무역의 '자유화'가 오늘날에 와서는 무역의 '세계화'로 탈바꿈하여 발전도상나라들에 대한 제국주의자들의 경제적 침략과 략탈을 합리화"[31]하고 있다고 본다. 즉, "'세계화'라는 기만적 구호는 전 세계를 서방식 자유 체제로 만들며 모든 민족들을 저들에게 예속시키고 동화시키려는 데 그 목적을 둔 략탈적, 침략적 구호에 지나지 않음"[32]을 주장한다. 북한의 이러한 주장은 오늘날 적지 않은 발전도상나라들이 국가 채무는 더욱 늘어나고 주민들 속에서 빈부의 차이는 날로 심해지고 있음을 지적한 것이다. 또한 지역 간 경제 발전 차이가 커지고 도시를 향한 농촌 주민의 이동이 심화되며 주민들의 실업률이 증가하는 사태가 빚어지는 것을 부작용이라고 설명한다.[33] 이러한 부작용이 발전도상국들에 미친 경제적 영향은 아프리카 국가를 비롯한 일부 나라들의 국가 채무가 계속 늘어나고 있는 데서 찾아볼 수 있으며, 이렇듯 글로벌화가 심각한 국제적 불균형을 초래해 약소국이 강대국에 예속화된다는 점을 부각하고 있는 것으로 보인다.

본래 국제기구는 세계 여러 민족, 국가들의 공동의 관심사로 제기되

---

30 Stephen D. Krasner, *Sovereignty: Organized Hypocrisy*(Princeton: Princeton University Press, 1999); James N. Rosenau, *Along the Domestic-Foreign Frontier: Exploring Governance in a Turbulent World*(Cambridge: Cambridge University Press, 1997); 마가렛 P. 칸스·카렌 A. 밍스트, 『국제기구의 이해: 글로벌 거버넌스의 정치와 과정』, 30~31쪽.

31 리성규, 「제국주의자들에 의한 무역의 '세계화' 책동과 그를 반대하는 발전도상나라들의 투쟁」, 50쪽.

32 리근환, 「'세계화'와 그 경제적 후과」, ≪경제연구≫, 2002년 3호, 54쪽.

33 같은 글.

는 국제 문제들을 공동의 지혜와 힘, 노력에 의해 공정하게 해결하는 과정을 통해 서로의 관계를 더욱 긴밀하게 발전시키자는 목적으로 창설된 것이다.[34]

2) 글로벌 거버넌스의 분단국 지원에 대한 북한의 인식

북한은 21세기에 들어서 평화와 안전을 비롯해 경제, 문화, 군사 등 국제사회의 여러 분야에서 수없는 국제적 문제들이 제기되고 있다는 점과 크고 작은 나라 할 것 없이 자주성을 지향하는 모든 나라, 모든 민족이 국제적인 교류와 협조를 통해 자주적인 발전을 이루고 있다는 분석을 내놓았다.[35] 이러한 경향은 국가 간, 민족 간의 상호 교류와 협조가 더욱더 활발해지는 가운데 공통으로 해결해야 할 국제적인 문제들이 수없이 제기되고 있으며 이것을 해결해나가기 위해 수많은 국제기구들이 조직되어 운영되고 있다는 점에 그 분석의 토대를 둔다.

북한의 시각에서 이러한 글로벌 거버넌스는 ① 유엔과 같이 전 세계적 범위에서 평화와 안전을 비롯한 경제, 사회, 문화, 인권 등의 문제들을 조정·협조하기 위한 국제기구, ② 지역적인 문제들을 해결하기 위해 경제, 교육, 문화, 체육, 철도운수, 금융 등의 다양한 전문 분야 내에서 조정·협조를 실현하는 정부 및 비정부기구들로 구분된다.[36] 이러한

---

34 한영서, 「국가 자주권 존중은 국제기구 활동에서 지켜야 할 근본 원칙」, 67쪽.

35 한영서, 「국제기구의 본질과 그것이 갖추어야 할 조건」, ≪김일성종합대학학보: 력사·법학≫, 46권 2호(2000), 66쪽.

글로벌 거버넌스의 조직 운영은 곧 세계화를 가속시키고 강력한 비국가적 행위자들을 등장시키며, 초국가적 시민사회 모두는 국가주권을 훼손하고, 글로벌화는 각종 이슈와 행위자들을 복합적이고 새로운 방식으로 연결하고 있어 이에 따라 경제, 인도(humanitarian), 건강, 환경문제들에 대한 국가의 경계가 없어졌다고 강조한다.[37]

따라서 북한은 글로벌 거버넌스에 대해 제국주의자들의 온갖 전횡에 의해 움직이는 불합리한 모든 국제기구들을 세계 인민들의 이익과 진정한 평화와 안전을 위해 진보적인 국제기구로 변화시켜야 한다고 주장한다.[38] 또 정부적·비정부적 국제기구들은 국제 관계의 국제 법률적 차원에서 긴밀한 관계를 유지하고 있으므로 나라와 민족은 대외 관계에서 자주적 권리를 철저히 행사해야 하며 그것이 침해당하는 것을 허용해선 안 된다는 입장을 취하고 있다.[39]

3) 글로벌 거버넌스에 대한 북한의 입장과 법제 대응

글로벌 거버넌스 필요성의 점진적 증대를 어떻게 볼 것인지는 전문가들의 주요 관심사이다. 그 이유는 테러리즘을 억제하고, 질병·범죄·마약의 국제적 확산을 봉쇄하며, 무역 장벽을 제거하고, 내전 이후

---

36 같은 글.
37 마가렛 P. 칸스·카렌 A. 밍스트, 『국제기구의 이해: 글로벌 거버넌스의 정치와 과정』, 31쪽.
38 한영서, 「국제기구의 본질과 그것이 갖추어야 할 조건」, 66쪽.
39 같은 글.

평화를 유지하며, 대량 살상 무기의 확산을 통제하고, 가난을 해결하며, 환경보호를 확립하고, 인권을 증진하며, 기타 글로벌 이슈들을 해결하기 위해서이다. 국제사회에 도전하는 안건들이 늘어나고 있고, "정보와 커뮤니케이션 혁명과 같은 세계화를 추진시키는 힘이 더 많은 과제들을 국제 무대 중심으로 내몰고 있으며 다양한 주역들의 역할을 재설정하고 있다. 이는 문제 해결의 수단과 방법을 심오하게 재구성하고 있다".[40] 세계화는 지구를 가깝게 만들고, 이슈들을 확산시키며, 핵심 행위자들의 역할을 변화시키고 있다. 냉전의 종식, 초국가적 시민사회의 등장과 국가주권의 성격에 대한 논쟁도 마찬가지로 글로벌 거버넌스의 필요성을 증가시키는 요인이 되었다.[41]

현재 국제금융 위기는 지난 어느 때보다 심각하다고 지적된다. 이와 관련해 북한은 글로벌 거버넌스의 다양한 행위자들 간의 관계를 비롯해 자본주의 세계가 갖는 한계를 지적하면서 적절한 법제적 대응을 꾀하고 있다. 예컨대 국제금융 위기가 심화되면서 미국 달러 가치는 계속 하락세가 될 것이라고 분석[42]한 것도 이런 측면에서 이해할 수 있다.

---

40 P. J. Simmons and Chantal de Jonge Oudraat, "Managing Global Issues: An Introduction", in P. J. Simmons and Chantal de Jonge Oudraat(eds.), *Managing Global Issues: Lessons Learned*(Washington: Carnegie Endowment for International Peace, 2001), p.52.

41 마가렛 P. 칸스·카렌 A. 밍스트, 『국제기구의 이해: 글로벌 거버넌스의 정치와 과정』, 25쪽.

42 미국에서 금융 위기가 발생하고 그것이 전 세계적 금융 위기로 확대되면서 미 달러는 2008년 이후로 계속 가치가 하락한 것으로 분석된다(김성, 「최근 국제금융 위기의 특징」, ≪경제연구≫, 2010년 4호, 55쪽).

경제 건설이 가장 시급한 북한으로서는 인민경제 선행을 강조할 수밖에 없는 현실에서 기초공업 부문을 통해 사회주의경제 건설을 추진하려는 정책은 글로벌 거버넌스에서 요구하는 바와는 다른 상반된 경제정책이다. 북한의 관련 문헌을 보더라도 "사회주의경제 강국 건설은 오늘 인민경제 4대 선행 부문을 다른 모든 부문에 확고히 앞세워 나갈 것을 그 어느 때보다도 절박하게 요구"[43]하고 있음을 알 수 있다.

북한이 내부 정비 조치 및 부문별 경제계획 추진에서 강조하는 인민경제 4대 선행 부문이란 금속, 전력, 철도, 석탄을 가리킨다.[44] 인민경제 4대 선행 부문은 북한의 전반적 경제 발전에 필요한 시초원료와 연료, 동력 생산을 보장하는 부문들로 선행 부문에서 최대한의 경제적 실리를 보장하는 것은 다른 모든 경제 부문들의 생산을 활성화하도록 하는 데 매우 중요한 의의를 가진다.[45] 나아가 경공업과 농업의 발전도 결국 인민경제 4대 선행 부문의 발전과 직접적으로 연관되어 있을 뿐만 아니라 다른 중공업 부문의 발전에도 크게 영향을 준다고 평가한다.[46]

북한은 이러한 국내적·경제적 상황에서 글로벌 거버넌스의 역할과 기능에 대해 "세계 진보적 인민들의 자주적 요구와 이익에 맞게 가장 공정하고 합리적으로 해결해야 하며 국제기구 내에서 민주주의와 공정성

---

43 김영삼, 「인민경제의 선행 부문, 기초공업 부문 경제 전략을 과학적으로 작성하는 것은 경제 강국 건설의 필수적 요구」, ≪경제연구≫, 2010년 4호, 7쪽.

44 ≪매일경제신문≫, 2009년 1월 6일 자.

45 김영삼, 「인민경제의 선행 부문, 기초공업 부문 경제 전략을 과학적으로 작성하는 것은 경제 강국 건설의 필수적 요구」, 8쪽.

46 같은 글.

에 원칙을 철저히 지켜나가는 국제적 협력체, 조직체로서의 자기의 사명과 임무를 위해 존재해야 한다"[47]라는 점을 강조했다.

그리하여 인민경제 4대 선행 부문에 근로하는 근로자들에게 혁명적이고 창조적일 것을 요구하며 과학적인 경제 전략을 제시했다. 여기서 과학적인 경제 전략은 우선 4대 선행 부문의 근로자들을 당의 노선과 정책으로 무장시킴으로써 그들의 혁명적 열의와 창조적 적극성을 통해 당의 노선과 정책이 구현되도록 하는 전략이다.[48] 이러한 대응을 하지 않으면 결국 글로벌 거버넌스를 통해 수원국 또는 약소국은 강대국에 경제적으로 예속화될 수 있다는 시각을 전반적으로 보여준다.

4. 결론

분단국의 체제전환에 대한 글로벌 거버넌스의 지원은 분단국 중 글로벌 거버넌스의 지원을 원하는 국가의 요청으로 그 가능성이 열려 있으나 아직 준비되지 않은 수원국의 경우 제약이 있음을 알 수 있다. 여기서 준비된 수원국이란 글로벌 거버넌스의 지원 조건을 수용할 수 있는 국가를 말한다. 하지만 그럼에도 북한은 급변하는 세계 속에서도 일당독재 체제를 유지하고 주민을 단속하기 위해 실질적인 국제사회 참여

---

47 한영서, 「국가 자주권 존중은 국제기구 활동에서 지켜야 할 근본 원칙」, 70쪽.
48 김영삼, 「인민경제의 선행 부문, 기초공업 부문 경제 전략을 과학적으로 작성하는 것은 경제 강국 건설의 필수적 요구」, 9쪽.

에 제한적인 입장을 취해왔다.

글로벌 거버넌스에 대한 북한의 기본적인 법제 인식을 정리하면 다음과 같다.

첫째, 글로벌 거버넌스를 포함한 세계 모든 국제기구들은 당초 설립 목적에 맞도록 국가 자주권을 존중하는 수준에서 국제 문제에 접근해야 함을 강조한다.[49] 특히 북한은 사회주의 헌법을 통해 자주, 평화, 친선을 대외 정책의 기본 이념으로 내세우며 이를 대외 활동 원칙으로 규정했다(헌법 제17조 참조). 북한과 우호적인 국가에 대해서는 내정불간섭, 호혜의 원칙하에 국가적·정치적·경제적·문화적 관계를 맺는 한편, 자주권과 민족적·계급적 해방을 실현하기 위해 투쟁할 것을 명문화하고 있는 점은 북한의 헌법적 차원에서의 대응이다(헌법 제17조 참조).

둘째, 북한에서 운용되고 있는 각종 법률들 중에서도 국가 자주권을 명문화해 자국의 입장에서 해석하고자 하는 면모를 엿볼 수 있다. 예컨대 국기법에서 국기는 국가의 존엄과 자주권의 상징임을 강조하고 있고(국기법 제2조), 국장법에서도 국장은 국가의 존엄과 자주권의 상징(국장법 제2조)임을 반복적인 용어로 규정해 국기와 국장을 국가의 자주권과 연결했다. 이는 국가의 위상을 제고하고자 한 것으로 해석된다. 또한 조약법에서 조약 체결 문제는 국가의 대외 정책을 실현하는 중요한 수단으로 보고 조약 체결 시 자주권 존중을 견지할 것을 명문화했다(조약법 제2조).[50]

---

49 한영서, 「국가 자주권 존중은 국제기구 활동에서 지켜야 할 근본 원칙」, 70쪽.

셋째, 오늘날 글로벌화되고 있는 추세에서 외국인 입국과 관련해 북한의 자주권을 침해한 자는 입국할 수 없도록 법률에 명기하고 있어 글로벌 수준에 미달한 법제적 대응을 하고 있다(출입국법 제25조 1항 참조).

넷째, 앞서 살펴본 바와 같이 글로벌 거버넌스의 역할과 기능에 대해 북한은 국제기구 내에서 민주주의와 공정성을 지켜나갈 것을 북한의 입장에서 강조하고 있다.[51]

자유주의자들이 말하는 국제기구의 역할 중 체제전환국을 비롯한 저개발국이 공통의 가치와 규범을 발전시키도록 돕자는 데에는 반박할 여지가 별로 없어 보인다. 특히 그동안 글로벌 거버넌스가 지속적으로 북한에게 가치와 제도, 나아가 국제적 규범을 준수하고 이행하라고 요구해온 것은 익히 알려진 사실이다. 이와 같은 글로벌 차원의 구조를 통해 상호 의존성을 높이면 폭력적 분쟁의 기회를 줄일 수 있고 일정한 가치를 증진할 수 있으며 타협이나 상호주의, 다자주의, 법과 규칙과 같은 분쟁의 평화적 해결에 도움이 되는 일정한 규범을 세우는 데 도움이 된다는 것을 상기할 필요가 있다.[52]

체제전환국에 대한 글로벌 거버넌스의 각종 지원을 수원국의 국가 자주권 수호 내지 국가 상징을 침해하는 것으로 인식하고 있는 북한으로서는 개혁 개방과 연결해 생각해볼 때 그동안 보인 한계를 극복하기

---

50 북한 조약법에서는 국가의 자주권과 최고 이익이 침해당했을 경우 조약을 폐기할 수 있도록 규정하고 있다(조약법 제18조 3항).

51 한영서, 「국가 자주권 존중은 국제기구 활동에서 지켜야 할 근본 원칙」, 70쪽.

52 서창록, 『국제기구: 글로벌 거버넌스의 정치학』, 32쪽.

가 쉽지 않아 보인다.

북한이 한국과 국제사회의 변화 요구에 수긍하게 하려면 가장 급한 일은 북한이 한국과 국제사회가 하는 이야기에 관심을 갖게 하는 것이다.[53] 글로벌 거버넌스에 대한 북한의 인식을 변화시키기 위해서는 한국이 조용하고 치밀하게 대북 억지력을 확보하면서, 북한을 향한 다양한 관여 전략을 준비해 차근차근 전개할 필요가 있다. 먼저 남북한 사이에 보이지 않는 수많은 네트워크적 결합을 연결해나가야 하며, 나아가 글로벌 거버넌스 차원의 법제 지원을 일구어내는 일이야말로 한국이 강조한 신뢰 프로세스의 요체가 될 것이다.

---

53 ≪서울신문≫, 2013년 4월 11일 자.

참고문헌

1. 국내 문헌

1) 단행본
박재영. 2007. 『국제기구정치론』. 법문사.
박형중 · 이금순 · 임강택 · 최춘흠 · 권율 · 장형수 · 이종무 · 권영경 · 강동완. 2008.
　　『국제사회의 개발 지원 이론과 실제: 북한 개발 지원을 위한 모색』. 통일연
　　구원.
서창록. 2007. 『국제기구: 글로벌 거버넌스의 정치학』. 다산출판사.
정은숙. 2012. 『글로벌 거버넌스와 국제안보: 이슈와 행위자』. 한울.
칸스, 마가렛 P.(Margaret P. Karns) · 카렌 A. 밍스트(Karen A. Mingst). 2007.
　　『국제기구의 이해: 글로벌 거버넌스의 정치와 과정』. 김계동 · 김석우 · 오
　　경택 · 윤진표 · 이상환 · 최동주 · 황규득 옮김. 명인문화사.
한국정치사회연구소 엮음. 2011. 『분단국의 통일 사례와 한반도 통일 과제』. 프리
　　마북스.

2) 논문
임을출. 2010. 「동북아 개발 협력: 북한의 인식과 법제적 대응」. ≪통일정책연구≫,
　　19권 2호, 237~269쪽.

3) 신문 및 기타
≪매일경제신문≫. 2009.1.6.
≪서울신문≫. 2013.4.11.

2. 북한 문헌

1) 논문
김성. 2010. 「최근 국제금융 위기의 특징」. ≪경제연구≫, 2010년 4호, 55~56쪽.

김영삼. 2010. 「인민경제의 선행 부문, 기초공업 부문 경제 전략을 과학적으로 작성하
　　　는 것은 경제 강국 건설의 필수적 요구」. ≪경제연구≫, 2010년 4호, 7~9쪽.

리근환. 2002. 「'세계화'와 그 경제적 후과」. ≪경제연구≫, 2002년 3호, 54~56쪽.

리성규. 2002. 「제국주의자들에 의한 무역의 '세계화' 책동과 그를 반대하는 발전
　　　도상나라들의 투쟁」. ≪경제연구≫, 2002년 3호, 50~53쪽.

박훈. 1992. 「심각한 위기에 직면한 제국주의 국제경제 결탁 관계」. ≪경제연구≫,
　　　1992년 4호, 47~50쪽.

엄성남. 2011. 「미국은 국가 자주권과 인권을 침해하는 세계 최대의 범죄 국가」.
　　　≪김일성종합대학학보: 력사·법률≫, 57권 4호, 125~128쪽.

유경만. 1997. 「위대한 령도자 김정일 동지께서 밝혀주신 국가주권의 본질과 지위
　　　에 관한 주체의 리론」. ≪김일성종합대학학보: 력사·법학≫, 43권 2호,
　　　38~42쪽.

장명호. 2011. 「랭전 종식 후 국제기구를 통한 미제의 범죄적인 반공화국 책동의
　　　반동적 본질」. ≪정치법률연구≫, 4호, 55~56쪽.

최중삼. 1991. 「미제 주도의 국제경제 결탁 체제의 위기」. ≪경제연구≫, 1991년
　　　2호, 49~52쪽.

태순철. 1990. 「자본주의 세계에서 로동력의 국제적 이동과 '부익부, 빈익빈'의 심
　　　화」. ≪경제연구≫, 1990년 4호, 46~49쪽.

한영서. 2000. 「국제기구의 본질과 그것이 갖추어야 할 조건」. ≪김일성종합대학
　　　학보: 력사·법학≫, 46권 2호, 66~70쪽.

_____. 2008. 「국가 자주권 존중은 국제기구 활동에서 지켜야 할 근본 원칙」. ≪김
　　　일성종합대학학보: 력사·법학≫, 54권 1호, 66~70쪽.

3. 외국 문헌

1) 단행본

Bevir, Mark. 2009. *Key Concepts in Governance*. London: Sage.

Krasner, Stephen D. 1999. *Sovereignty: Organized Hypocrisy*. Princeton: Princeton
　　　University Press.

Rosenau, James N. 1997. *Along the Domestic-Foreign Frontier: Exploring Governance in a Turbulent World*. Cambridge: Cambridge University Press.

2) 논문

Simmons, P. J. and Chantal de Jonge Oudraat. 2001. "Managing Global Issues: An Introduction." in P. J. Simmons and Chantal de Jonge Oudraat (eds.). *Managing Global Issues: Lessons Learned*. Washington: Carnegie Endowment for International Peace.

Yoo, Hyun Jeong. 2013. "North Korean Policy Towards China Under the Kim Jong-Un Regime." *Vantage Point: Developments in North Korea*, Vol. 36, No. 7(July, 2013), pp.48~57.

엮은이

윤대규
미국 워싱턴대학교(University of Washington) 법학 박사
경남대학교 서울부총장, 경남대학교 극동문제연구소 소장
주요 저서: 『법사회학』(1997), 『북한 경제개혁을 위한 새로운 패러다임』(2006), 『북한에 대한 불편한 진실』(2013) 외 다수
주요 논문: 「북한주민의 법의식 연구」(2005), 「주요 국가의 개도국에 대한 법제정비 지원사업」(2008), 「북한사회의 변천과 헌법의 변화」(2010) 외 다수

지은이(가나다순)

김동엽
북한대학원대학교 북한학 박사
경남대학교 극동문제연구소 연구교수
주요 저서: 『동아시아 질서 변화와 한반도 미래』(공저, 2015)
주요 논문: 「북한의 군사지도·지휘체계: 당·국가·군 관계를 중심으로」(2013), 「경제·핵무력 병진노선과 북한의 군사 분야 변화」(2015) 외 다수

민경배
독일 프라이부르크대학교(University of Freiburg) 법학 박사
경남대학교 극동문제연구소 연구교수
주요 저서: 『북한의 체제전환과 국제협력에 관한 법제도』(공저, 2010), 『동북아 질서에 대한 북한의 법제도적 시각』(공저, 2011) 외 다수
주요 논문: 「서구 인권사상의 역사적 발전과 현황에 대한 고찰」(2001), 「중국의 공산당정책(규범)과 국가법의 관계」(2004), 「중국의 노동법제 발전을 통해 본 북한의 노동법제 변화 전망」(2010) 외 다수

양문수

일본 도쿄대학(東京大学) 경제학 박사

북한대학원대학교 교수

주요 저서: 『북한경제의 구조: 경제개발과 침체의 메커니즘』(2001), 『북한경제의 시
　　　　장화: 양태 · 성격 · 메커니즘 · 함의』(2010) 외 다수

주요 논문: 「북한에 대한 인도적 지원의 경제 · 사회적 효과」(2007), 「북한의 화폐개
　　　　혁: 실태와 평가」(2010) 외 다수

윤대규

미국 워싱턴대학교(University of Washington) 법학 박사

경남대학교 서울부총장, 경남대학교 극동문제연구소 소장

주요 저서: 『법사회학』(1997), 『북한 경제개혁을 위한 새로운 패러다임』(2006), 『북
　　　　한에 대한 불편한 진실』(2013) 외 다수

주요 논문: 「북한주민의 법의식 연구」(2005), 「주요 국가의 개도국에 대한 법제정비
　　　　지원사업」(2008), 「북한사회의 변천과 헌법의 변화」(2010) 외 다수

임을출

경남대학교 정치학 박사

경남대학교 극동문제연구소 교수

주요 저역서: 『웰컴투 개성공단』(2005), 『북한 경제개혁을 위한 새로운 패러다임』
　　　　(2006), 『원조와 개발』(2009), 『(미국 랜드연구소의) 국가건설 어떻게 할
　　　　것인가』(역서, 2011) 외 다수

주요 논문: 「6자회담의 다자적 제도화: 초기조건과 결정요인」(2009), 「국제사회
　　　　M&E제도의 남북협력기금 적용 방안과 과제」(2009), 「동북아 개발협
　　　　력: 북한의 인식과 법제적 대응」(2010), 「동북아 안보레짐: 북한의 국제
　　　　법적 인식과 대응」(2010) 외 다수

최은석

국민대학교 법학 박사

통일교육원 교수

주요 저서: 『남북한과 중국·대만의 교류 협력법』(2006), 『동북아 질서에 대한 북한
　　　　의 법제도적 시각』(공저, 2011) 외 다수

주요 논문: 「남북교류협력에 대한 북한의 법제 인식」(2011), 「북한의 우주개발계획
　　　　분석: 법제도적 시각을 중심으로」(2013) 외 다수

한울아카데미 1856
경남대 극동문제연구소 북한연구 시리즈 45

글로벌 거버넌스와 북한의 법제도

ⓒ 윤대규, 2016

엮은이 ┃ 윤대규
지은이 ┃ 김동엽·민경배·양문수·윤대규·임을출·최은석
펴낸이 ┃ 김종수
펴낸곳 ┃ 한울엠플러스(주)

편집책임 ┃ 이수동
편   집 ┃ 이인선

초판 1쇄 인쇄 ┃ 2016년 6월 20일
초판 1쇄 발행 ┃ 2016년 6월 30일

주소 ┃ 10881 경기도 파주시 광인사길 153 한울시소빌딩 3층
전화 ┃ 031-955-0655
팩스 ┃ 031-955-0656
홈페이지 ┃ www.hanulmplus.kr
등록번호 ┃ 제406-2015-000143

Printed in Korea.
ISBN 978-89-460-5856-9 93340

※ 책값은 겉표지에 표시되어 있습니다.

이 저서는 2011년도 정부 재원(교육부 인문사회연구역량강화사업비)으로
한국연구재단의 지원을 받아 연구되었습니다(NRF-2011-413-B00005).